図解　マナー以前の社会人の基本

岩下宣子

講談社+α文庫

はじめに

私は、企業や学校、団体のお招きで研修や講演のために日本のあちこちに足を運んでいます。そこで、「マナー（礼儀作法）とは、ひと言でいうと何ですか」と尋ねられることがよくあります。

そのときはいつも、「相手に対する思いやりの『心』を、動作や表情、言葉、文字、モノなどの『かたち』にして、相手に見えるように表現すること」とお答えしています。人と人とのおつきあいがうまくいくために欠かすことのできない生活の知恵、ということもできるでしょう。

マナーの「心」と「かたち」は、セットです。「心」が伴わない「かたち」はとても空《むな》しいものですが、いくら思いやりの「心」があっても、「かたち」で表現できなければ相手には伝わりません。

問題は、マナーの「心」を忘れて「かたち」にばかりとらわれてしまうことです。まるでマニュアルのように、本に書いてあることをただ丸覚えして、その場その場で実践すればすむというものではありません。「かたち」を型通りにこなしたとしても、相手の心に響くことはないでしょう。

教育者の新渡戸稲造《にとべいなぞう》は、その著書『武士道』（岩波文庫）にこう書いています。

「体裁を気にして行うのならば、礼儀とはあさましい行為である。真の礼儀とは、相手に対する思いやりの気持ちが外に表れたもの。礼儀の最高の姿は、愛と変わりない」

大切なのは、「かたち」を支える「心」が「相手に対する思いやり」であることを、きちんと理解することです。相手のことをどんなに大切に思っているか、どうしたらまわりの人に不快な思いをさせないですむか、恥をかかせないですむか、いつどんなときも「思いやり」の気持ちを忘れないことです。

このように、マナーの意味をきちんと理解していれば、「本に書いてなかったからできない」とお手上げの状態になることはないでしょう。どのような場面でも、臨機応変にふるまうことができるようになるでしょう。

そしてもし、マナーを知らなかったら「どうしたらよろしいですか」と尋ねることは、決して恥ずかしいことではありません。マナーを知らないことで、まわりの人に失礼な態度をとってしまったら、心から謝って、同じことをくり返さないようにします。

また、相手がマナーを間違えてしまっても、その場でストレートに注意したり責めてはいけません。どうしたらその人に恥をかかせずにすむか十分に配慮して、さりげなくフォローするとよいでしょう。

いじめや恥知らずのふるまいが、大きな社会問題になっています。誰でも、いじめられたり、迷惑を被《こうむ》るのは嫌なことです。相手の立場に立って、自分が嫌なことをされたときのことを想像できれば、こうした問題は起こらないはずです。

人は思いやりを感じたとき、必ずその心にこたえようとするものです。相手を大切にすれば、自ずと相手からも大切にされます。

マナーを、「堅苦しくて、面倒で、むずかしいもの」と決して思わないでください。いつどんなときでも、まわりの人への目配りと思いやりを忘れなければ、あなたは間違いなく〝マナー紳士・マナー美人〟になることができます。

本書は、２００５年９月に、同じ講談社＋α文庫から刊行された『図解 マナー以前の社会人常識』の続編として誕生したものです。前作では２４７の事例をわかりやすくご紹介し、多くの読者の方々からご支持をいただいておりますが、それでも私がお伝えしたいことのすべてではありませんでした。

「できることなら、この事例もあの事例も加えることができたらよかったのに」

そういった思いがずっとあり、このたびの続編の実現にいたったわけです。前作の重要なポイントは、「初級の作法おさらい」として再度掲載いたしました。

あらためて、相手も自分も、お互いが楽しく幸せになっていただけるように、本書をお役立ていただけることを強く願っております。

最後に、講談社生活文化第二出版部の木村圭一氏、コーネルの小野博明氏、イラストレーターのニーヤ・アキ氏には心から感謝申しあげます。

2007年4月

岩下宣子《いわしたのりこ》

◉目次

食事の席にて

料理のいただき方

2章　喜ばれる訪問と、心を込めたおもてなし

初級の作法おさらい

3章　相手に失礼にならない、日常のふるまい

外出先にて

旅行先にて

4章 恥をかかない・かかせない、日常のおつきあい

初級の作法おさらい

弔事

病気見舞い

贈答

慶事のとき

弔事のとき

贈答

5章　スマートなお金の使い方

図解　マナー以前の社会人の基本

1章　楽しい席で、おいしく食事

食事の席でのふるまいについて細かな決め事がたくさんあるのは、お互いに不快な思いをしないで、なごやかなひとときを過ごしたいからです。初級の作法を身につけて、いつもリラックスしてふるまうことが大切です。

●できるだけ音を立てない

クチャクチャと噛む音、スープをズルズルとすする音、食器がカチャカチャふれる音、ゲップやくしゃみ、大声、笑い声……。

食事中は、できるだけ音を立てないように、細心の注意を払います。

●だらしない姿勢はとらない

食器に顔を近づける、テーブルの上にひじをつく、足を組む、斜めに座る、キョロキョロ見まわす、隣のテーブルをじっと見つめる……。女性の場合は、長い髪の毛をかきあげる、濃いお化粧やきつい香水の香り……。

このようなだらしない人が同じテーブルにいる場面を想像してみてください。リラックスするのは気持ちだけにしましょう。

●食事の席では喫煙を控える

タバコの煙は、せっかくの料理の味や香りを損ねます。タバコを吸わない人は、席が遠く離れていてもタバコの煙にはとても敏感です。とくに一部屋ずつ隔離されていないお店では、できれば喫煙は我慢していただきたいものです。

もしどうしても吸いたければ、デザートが終わってから、同席している人に「吸ってもよいですか」とひと言断りましょう。そこまで心づかいをする人に対して、「いえ、遠慮してください」とは言いにくいものです。

[食事の席のNGマナー]

髪の毛をいじらない

食器の音は立てない

食事中にタバコは吸わない

食器に顔を近づけない

音を立てて噛まない

おしゃべりに夢中にならない

[和食のお店で]

●箸は両手で上げ下ろしをする

箸の置き方

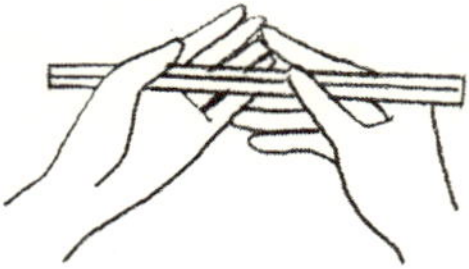

①右手で箸を持ったまま、左手を下に添える

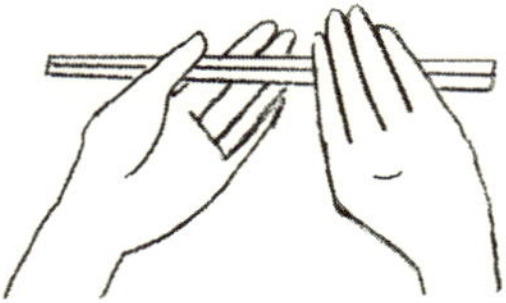

②右手を横に滑らせて、箸を上から持つ

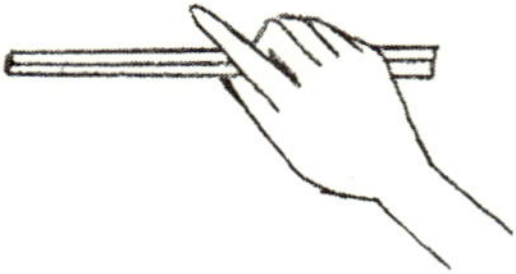

③左手を離して、そのまま箸を置く

箸の取り方

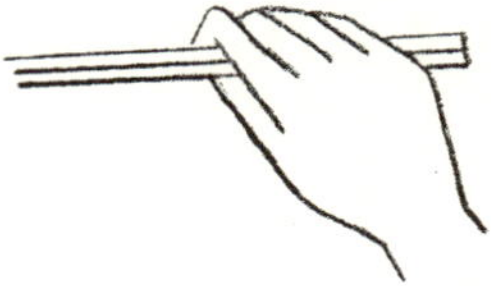

①右手で箸の中央をつかんで静かに持ちあげる

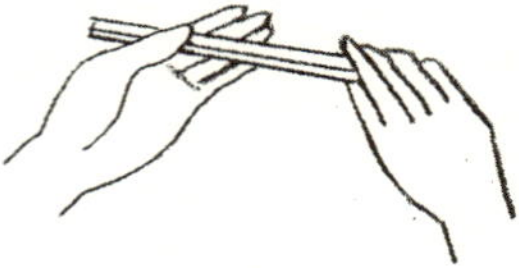

②箸の下から左手を添え、右手を横に滑らせて箸の下に移動

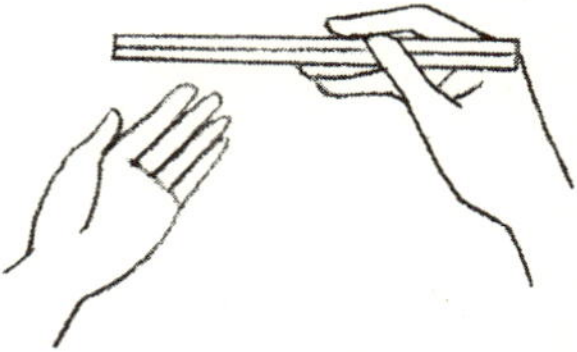

③箸先から3分の2ほどに右手を置いたら左手を離す。上の箸を人差し指と中指ではさみ、親指を軽くあて、下の箸は薬指で支える。使うとき、上の箸だけ動かす

●してはいけない主な箸使い（忌《い》み箸）

渡し箸

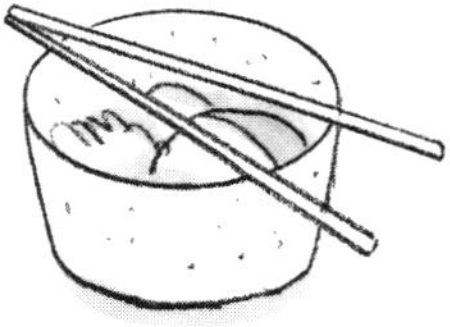

箸を器の上に渡すように置く

ねぶり箸

箸の先をなめる

ちぎり箸

箸を１本ずつ両手に持って
料理をちぎる

涙箸

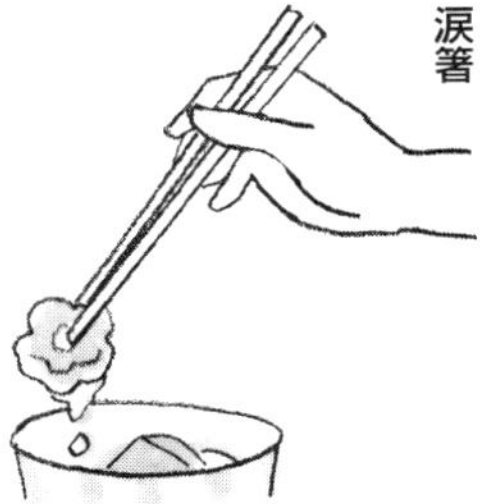

煮物の汁やお刺身の醤油
を垂らしながら口に運ぶ

迷い箸

どれを食べようかと箸を
ウロウロさせる

寄せ箸

箸で器を引き寄せる

［洋食レストランで］

●ナイフとフォークで伝えるサイン

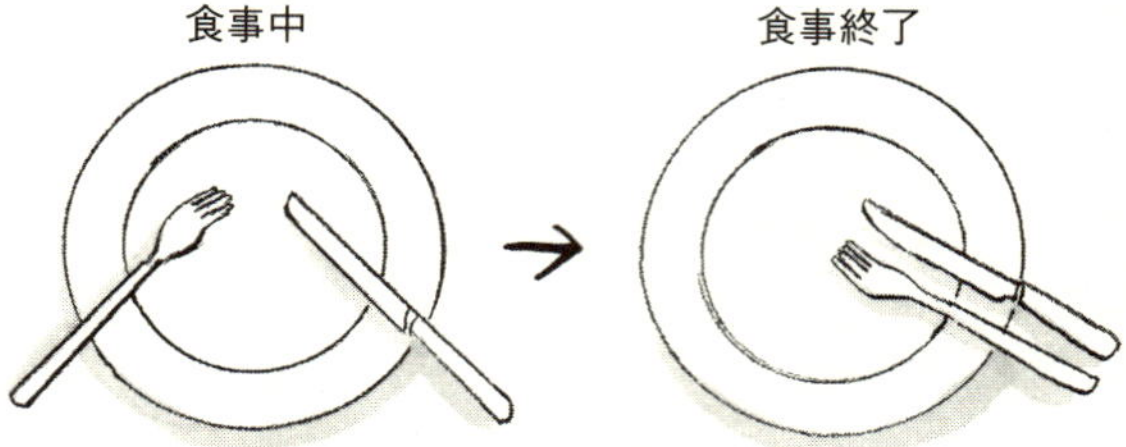

ナイフの刃を自分のほうに向け、フォークの背を上にしてお皿の上に「ハの字」に置く

ナイフの刃を自分のほうに向けて奥に、手前にフォークの腹を上にして「二の字」に置く

●ナプキンの使い方

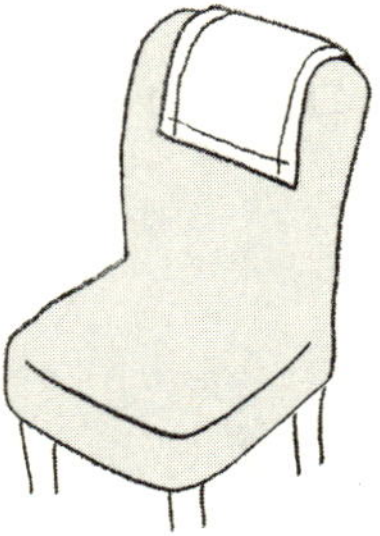

食事中に中座するとき、ナプキンは椅子の座面の上に置くか背もたれにかける。食事が終わったら、軽くたたんでテーブルの上のやや左側に置く

ナプキンは二つ折りにして、折り目を手前にしてひざの上に置く。口元や指先の汚れは、ひざに近いほうのナプキンの裏側を使ってぬぐう

●テイスティングの6ステップ

1
親指・人差し指・中指の指先でグラスの脚を持ち、向こう側に少し倒してワインの色を見る
2
グラスのフチに鼻を近づけて香りをかぐ
3
テーブルの上で、グラスの脚を人差し指と中指ではさんでまわし、ワインと空気を混ぜる
4
もう一度香りの変化を確かめる
5
ワインを口にふくみ、ゆっくり息を吸い込みながら味を確かめる
6
ソムリエに「けっこうです」「どうぞ皆さんにお願いします」と伝える

[中国料理店で]

●取りわけた料理は残さない

大皿の料理は人数で割った分を取り皿に取りわけ、残さずにいただく。取り皿を手に持ったり、使い終わった取り皿を回転卓の上には戻さない

●回転卓は時計まわりに

円卓の真ん中にある回転卓（ターンテーブル）は、時計まわりで料理を取りわけるのが一般的

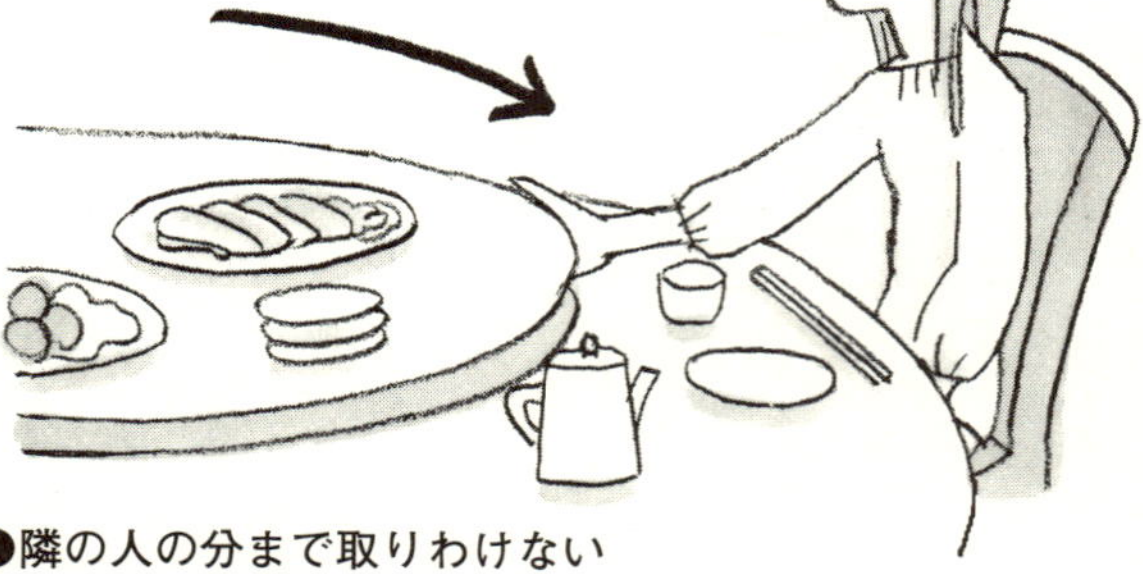

●隣の人の分まで取りわけない

円卓では、必ず座ったままで料理を取りわける。食べるペースは人それぞれなので、隣の人の分まで料理を取りわけてあげなくてもよい

●ちりれんげを上手に使う

ちりれんげは、柄のくぼみに人差し指を入れ、親指と中指ではさむように持つ。口に対してほぼ垂直にあてる

麺はいったん左手のちりれんげに受けてから口に運ぶ。汁も飛び散らず、大きな音を立ててすすらないですむ

［立食パーティーで］

●お皿とグラスは まとめて持つ

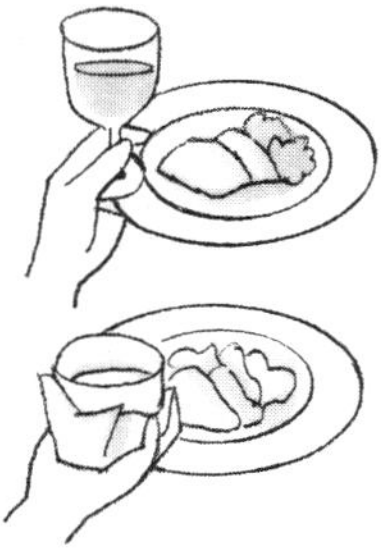

左手の中指・薬指・小指で取り皿を下から支え、ワイングラスの底を取り皿のフチにのせて親指と人差し指でグラスの脚をつかんで固定（上）。ふつうのグラスは底を紙ナプキンでおおって左手のひらの上にのせ、親指・人差し指・中指で取り皿をはさんで持つ

●取り皿を大盛りにしない

取り皿には一度に2〜3品を目安に、きれいに食べきれる量だけを取りわける。料理ごとに新しいものに替える

●料理を取ったら 料理テーブルから離れる

パーティー会場で立ち止まってはいけないのは、料理テーブルや飲み物テーブルの前と出入口の付近。ほかの人に迷惑がかからないように、料理を取ったらすぐに離れる

●使い終わったグラスなどは 料理テーブルに置かない

使い終わったグラス、取り皿、箸、ナイフやフォーク、紙ナプキンは､料理テーブルに戻さず、飲食用の小さなテーブルに置くか、会場のサービス係に直接手渡す

食事の席にて

料理が出されたらすぐにいただく

「ステーキは、お客様の口に入るときにミディアムやレアになるように焼き加減を調節して、テーブルにお出しししているのです」と、あるシェフからうかがったことがあります。石焼きビビンパも鉄板焼きも、熱いうちにおいしく召しあがっていただくために、わざわざ器や鉄板を熱する手間をかけてくださるのです。

料理をおいしくいただくには、〝熱いものは熱いうちに、冷たいものは冷たいうちに〟が鉄則です。話に夢中になるあまり、いつまでも料理に手をつけないのはもったいないことであり、お店の人への配慮を欠いたふるまいともいえます。

手を受け皿のようにして口に運ばない

箸でつまんだ料理の下に左手を添えて、受け皿のようにして口に運ぶことを「手皿《てざら》」といいます。

煮物の汁やお刺身の醤油が垂《た》れても、手で受け止めれば大丈夫ということなのでしょうが、汚れた手はどうしましょう。なめてしまいますか、おしぼりを汚してしまいますか。

手皿は一見上品に見えますが、美しい所作《しょさ》とはいえません。

お茶席では、菓子を取りわけたり指先をふ

くのに懐紙《かいし》（和紙のナプキン）がよく使われます。食事のときにも、汁やつゆを受ける、食べ物を押さえる、汚れた指先や口元をふく、口元を隠すなど、とても重宝します。いつも切らさずバッグに一帖《じょう》入れて持ち歩いているとよいでしょう。

もし懐紙がなかったら、身近にあるお椀のフタや小皿を受け皿として使ってもかまいません。ただし、塗り椀のフタの場合、その上で料理を切るとキズをつけてしまいますのでやめましょう。

手を受け皿のようにして料理を口に運ばない

食べ終わった食器は重ねて置かない

食べ終わった食器をほかの人の分まで重ねて、テーブルの端に集めている人がいます。片づける手順があるので、お店にとってはありがた迷惑なことかもしれませんし、無理をして重ねて大切な食器にキズがついてしまわないか心配です。

食べ終わったら、はじめに置かれていた位置に食器を戻し、フタも裏返しではなく、そのまま器に戻しておくだけでかまいません。

置いてある器に口を近づけない

背中を丸め、左手をテーブルの上に出さ

ず、置いてある器に口を近づけて食べるのを「犬食い」といいます。とてもがっついているようで、まわりの人によい印象を与えません。小さな器は、持って食べたほうが食べやすいと思うのですが、理解に苦しみます。

大きな器や皿を持ちあげるのは粗相のもとですが、小さな器はきちんと手に持っていただくようにしましょう。

口を器に近づけて食べない

右側にある器を左手で取らない

向かって右にある器を左手で、左にある器を右手で取りあげることを「袖越《そでご》し」といって、やってはいけないふるまいです。お膳の上で手が交差すると、粗相しがちだからです。右にある器は右手で、左の器は左手で取りあげるようにしましょう。

器を取る手は交差させない

食器を上からつまみ上げるのは危険

食事中や後片づけのとき、食器を真上からつまみ上げたり、食器のフチを指先でつまんで位置をずらす動作、ついやってしまいがちですね。

これではまるで、ゲームセンターにあるクレーンゲーム（UFOキャッチャー）。食器にふれているのは指先だけですから、ツルッとすべって落としてしまいがちです。

食器の扱いは、必ず両手で行いましょう。右手で食器を包むように支えて少し持ち上げたら、左手の人差し指から小指までをそろえて食器の底にあて、親指は食器のフチの下に軽く置くようにしてしっかり持ちます。

大切な食器を割ってしまったら、取り返しがつきませんからね。

食器は片手でつままずに両手で扱う

ご飯は少しでもよいから必ずおかわりをする

人が亡くなったとき、その人が使っていた茶碗にご飯をこんもり盛って、箸をまっすぐに立てて死者に供えるのが一膳飯《いちぜんめし》です。枕《まくら》飯《めし》ともいいます。

この世と縁を切るときに、このためだけに一合の白米を研《と》がずに炊くもので、もちろんおかわりされることはありません。

昔から、「ご飯は少しでもよいからおかわりしなさい」とよく言われたのは、「盛り切り一杯で終わってしまうと、この一膳飯を連想するからいけません」という戒めからでした。ふだんの食事のときにも、少しでもかまいませんから、遠慮しないで必ずおかわりをしましょう。

また、ご飯は一膳飯のように茶碗に山盛りにしないこと。しゃもじで2～3回にわけて、茶碗の七、八分目ほどによそいます。「よそう」は「装う（粧う）」と書き、「きれいに飾る、整える」という意味です。

結婚式の朝、お赤飯はおかわりしない

一膳飯は、亡くなった人に食べてもらうために供えるものとは限りません。

子どもが誕生したときや、結婚という、生まれた家から他家に嫁ぐ日の朝に、実際にお嫁さんに食べていただくものです。

一生のうちで一膳飯を食べる儀式は、男性の場合は生まれたときと亡くなったときの2

回、女性はそこに結婚を加えて3回ということになります。

従って、子どもが誕生したときも結婚式の朝も、お赤飯はおかわりはしません。

もちろん、それ以外のことでしたら、お赤飯は何回おかわりしてもかまいません。

相手の料理とお皿ごとシェアしない

親しい人たちとの楽しい食事。ほかの人の料理がとてもおいしく見えて、一口食べてみたいという気持ち、よくわかります。

といって、お互いがある程度食べ進んだところでお皿ごと交換しようとするのはNG。食事中は、他人のお皿にふれてはいけないというのが正式のマナーだからです。

別々に注文した料理をシェアしたかったら、注文をするときにお願いして、あらかじめ取りわけてもらいましょう。

夫婦で食事中、食べきれなくなった妻の分を夫に食べてもらいたいときも、お皿ごと夫に渡さずに、お店の人にお願いして別のお皿に取りわけてもらってはいかがですか。

飲みきれなかったワインボトルは持ち帰れますが、グラスに残ったワインや、お皿に残った料理は断られることが多いようです。

やむを得ず残してしまったものは、和食の席では汚いようでしたら懐紙をかぶせて隠し、洋食の席ではお皿の上のほうに寄せてパセリの葉などで隠しておきます。

できれば注文するときに量を減らしてくださいとお願いしておくとよいでしょう。

サーバーのスプーンは下フォークは上に

サーバーは、料理を取りわけるために使う大きなフォークとスプーンのこと。プロは片手で持ちますが、慣れないとむずかしいものですので、両手を使ってもかまいません。

スプーンを下に、フォークを上にして、料理をはさむようにして取りあげます。

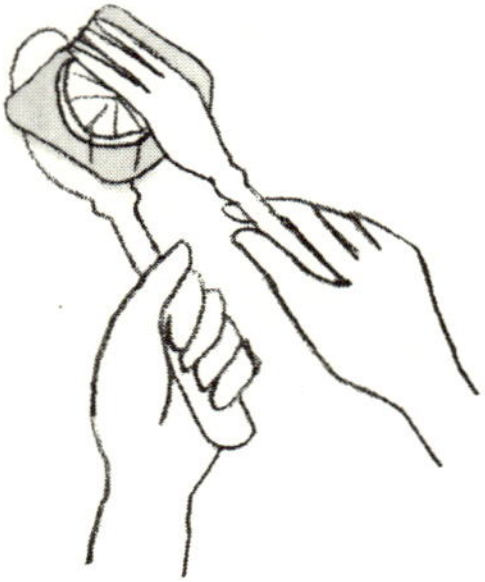

サーバーのスプーンは下、フォークは上

使い終わったら、両方を裏返しにして、下にフォーク、上にスプーンを重ねて戻しておくと、次の人が使いやすいでしょう。

サーバーでの一つかみが、ほぼ一人分の量です。取りすぎないように注意しましょう。

おしぼりでふくのは手だけにする

和食のお店で、夏は冷たく、冬は温かく、ほんのりと香りづけがされたおしぼりが出されることがよくあります。お店の側のさりげないおもてなしの気持ちが感じられて、とてもうれしいものです。

ビールグラスを倒したりなどとっさのとき以外は、おしぼりでこぼした醤油や煮物の汁などをふかないこと。おしぼりは台ぶきんではありませんから、汚れたテーブルは、お店の人に頼んできれいにしてもらいましょう。

もちろん、口元や、暑い日に顔や襟もとの汗をふくのは厳禁。おしぼりは、手だけをふくものです。

茶碗とお椀のフタの開け方には決まりがある

お味噌汁やお吸い物のお椀が出されたら、左手をお椀に添えて右手でフタを開けます。

もし、フタつきのご飯茶碗とお椀が狭いお膳の上に並べて出された場合、フタはどのようにしたらよいでしょうか。

左手で茶碗のフタ、右手でお椀のフタを持って同時に開けたら、茶碗のフタの上にお椀のフタをかぶせるように重ね合わせ、お膳の脇左右どちらか（懐石では右手前角）に置きます。塗り椀のフタは傷つけないように。

お膳の脇にスペースがあるときは、茶碗のフタが先です。左の茶碗のフタを左手で開けたら裏返して、茶碗の左側に置きます。次に、右のお椀のフタを右手で開けて裏返し、お椀の右側に置きます。

お膳の脇にスペースがあるときは、茶碗とお椀のフタはそれぞれ両脇に置く

お店の人を呼ぶときは軽く手を挙《あ》げる

レストランで食事中、ナイフやフォークを床に落としたり、グラスを倒してしまったら、後始末は必ずお店の人にお願いしましょう。自分で拾ったり、ナプキンでふこうとしてはいけません。

あわてて、「スミマセ～ン！」と大声を出したり、指先をパチンと鳴らさないこと。軽く手を挙げるか、目線を送って合図をすれば、すぐに気づいて来てくれます。

和食のお店でも、部屋係を大声で呼ぶのは不作法。手を2回たたくか、気づいてくれないときは、ふすまや障子を開けて「お願いします」と2回手をたたくとよいでしょう。

食事中に席を立つのはできるだけ避ける

レストランでは、着席する前にトイレや電話などをすませ、いったん着席したら最後まで席を立たないのがマナーとされています。

お店の人とぶつかったり、コース料理では料理を出すタイミングがずれて、サービスに支障が出ます。何よりも、食事中にトイレに立つというのは、まわりを不快にさせます。

レストランでおしぼりを出さないのも、食事の前に化粧室で手を洗い、身だしなみを整えてから着席するのが基本だからです。

やむを得ず席を立つときは、ナプキンを椅子の座面の上に置き、同席の人には「失礼します」とひと言断ります。

メインゲストがナプキンを戻したら食事終了

食事が終わったら、使ったナプキンを軽くたたんでテーブルの上のやや左側に置くのが決まりです。

もし、その日のメインゲストや年長の方がナプキンをテーブルに戻したら、「今日はこれでお開きにしましょう」という合図と受け取って、他の人はこれにならいます。

そのために、同じテーブルについた全員がほぼ同時に食べ終わるように、食べるペースをメインゲストに合わせることが大切です。

おしゃべりに夢中になって一人だけ食べるのが遅れるとサービスのリズムが乱れ、他の人に迷惑がかかってしまいます。

合い席のときはひと言断る

あらかじめ予約をしておけば、同じテーブルで見知らぬ人と一緒に食事をすることはありませんが、そうではないとき、混んでいる時間帯に合い席を求められます。

合い席は確かに落ち着かないものです。そうでなくても先に食事をしている人にとって、突然目の前に黙って座られたらあまりよい気持ちはしませんし、食事もおいしくなくなってしまいます。

せめて合い席するときは、「失礼します。よろしいですか」とひと言断りましょう。座ってからも、相手の食べている様子をジロジロ見ないようにします。

寿司店で隠語《いんご》は無理して使わない

特定の社会や集団、仲間うちだけで通用する、いわば業界用語といえるのが隠語です。たとえば寿司店では、醤油を「むらさき」、お茶を「あがり」、ご飯を「しゃり」、玉子を「ぎょく」、お勘定を「おあいそ（お愛想）」とよく言いますね。

こうした隠語は、その当事者、寿司店でしたら職人さんをはじめお店の人どうしが使うもの。お客様が無理をして、通を気取る必要はありませんし、隠語を知らなくても恥ずかしいことはまったくありません。

食事が終わって会計するときも、「お勘定をお願いします」と言うのが自然です。

【料理のいただき方】

ピザを手で食べるのはカジュアルな店で

フォーマルなイタリア料理のレストランでは、ピザはナイフとフォークを使って食べます。一人分をお皿に取りわけたら細いほうを左に向けて置き、左から一口大に切って食べます。

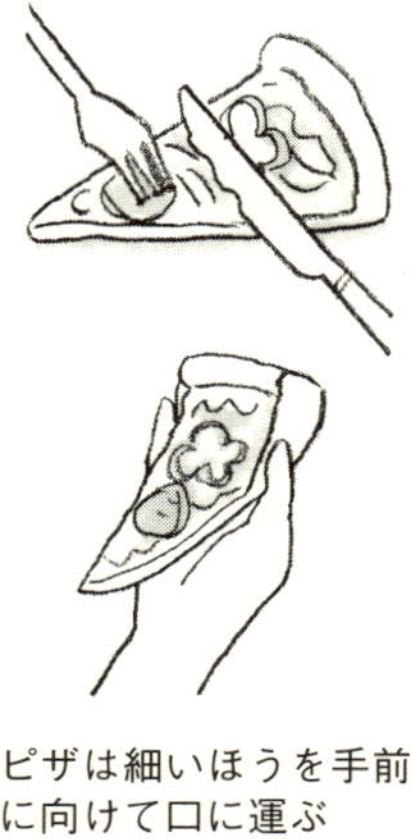

ピザは細いほうを手前に向けて口に運ぶ

カジュアルなお店では、直接手で食べてもよいでしょう。カットされていなかったら、カッターを押すのではなく手前に引くようにして切ります。

ピースの広い部分を少し折り曲げるようにして、細いほうを手前に向けて持つと口に入りやすく、具もこぼれにくいでしょう。

お皿にこぼれてしまった具は、フォークですくって食べてもかまいません。

パスタの貝殻は指先でつまんでかまわない

殻つきの貝や、尾がついたままのエビが入った魚介類のパスタ。食べやすくするために、スパゲッティを先に一口食べて、お皿の手前にスペースをつくるのがポイントです。

そこに貝を移動し、殻を指先でつまみ、フォークで身を刺して取ります。エビは、尾をフォークで押さえ、ナイフで身を切り離します。汚れた指先はナプキンやおしぼりでふくか、フィンガーボウルで洗います。

貝殻やはずした尾は、同席した人からは見えにくいお皿の端にまとめて寄せておきます。下のソーサー（受け皿）には絶対に置かないようにしましょう。

貝殻を指先でつまみ、
フォークで身を刺して取る

エビのグリルはナイフで身を切り離す

エビの定番料理の一つに、エビのグリルがあります。エビの背わたを取り、殻ごと背のほうから縦割りに開いてから味つけし、オーブンで焼いたものです。

殻から身を切り離すには、ナイフとフォークを使います。左端の身と殻をフォークでしっかり押さえたら、ナイフを殻に沿って移動させて身と殻のあいだに切り込みを入れて殻から浮かせていきます。

はずれた身はそのまま殻から取り出して、お皿の上で一口大に切りわけながら口に運びます。

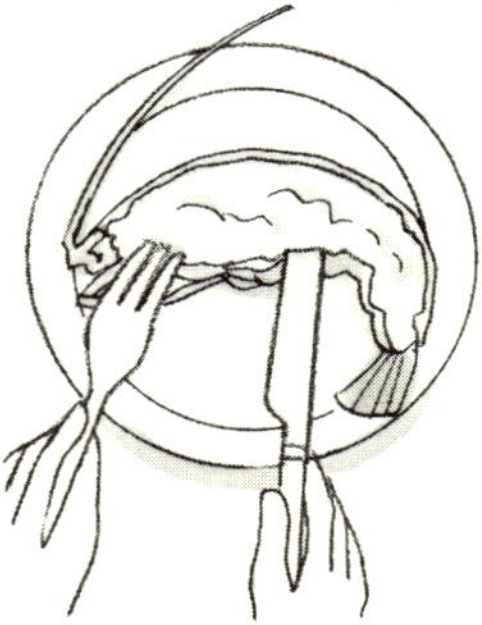

ナイフとフォークで身を殻から切り離す

エビの鬼殻《おにがら》焼き、殻は直接手でむく

伊勢エビや車エビを、殻のまま付け焼きにしたのが鬼殻焼きです。

頭と胴を切り離したり殻をむくのに、無理をして箸を使おうとすると粗相のもとです。お皿の上で、直接手でむいてもかまいません。

尻尾は残して殻をむいた胴は、いったんお

皿の上に置きます。伊勢エビは、箸を使って身を取り出します。車エビも箸でつまんで食べますが、噛み切るときには、片方の手か懐紙を使って口元をおおいます。

食べ終わったら、エビの頭や殻、尻尾はお皿の端にまとめておき、懐紙があればその上にのせて隠しましょう。

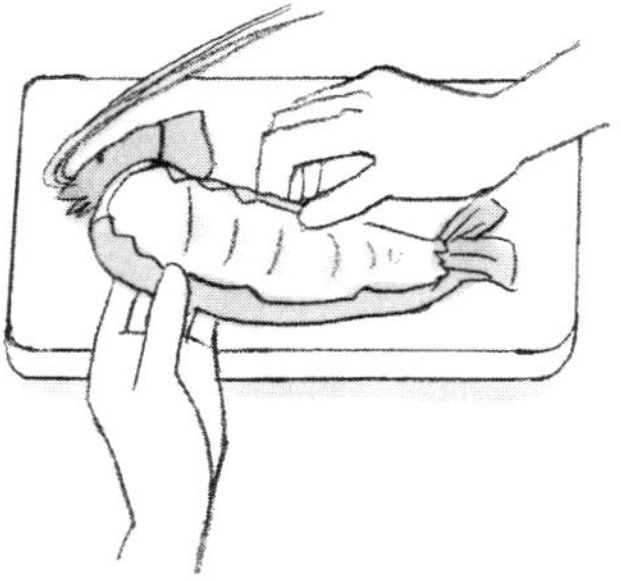

鬼殻焼きの殻は、直接手でむいてもかまわない

そばは音を立てて食べてもOK

そば通といわれる人が、もりそばやざるそばの粋な食べ方を指南しています。

一箸目はそばを2～3本つまんでそばつゆをつけずに風味を味わい、二箸目は薬味を入れないそばつゆにつけ、三箸目から薬味を入れたそばつゆにつけて食べるというもの。そばつゆはほんの少しつけるだけにして、そば猪口《ちょこ》に浸《ひた》してはいけない、などなど。

こうしたことにとらわれる必要はありませんが、そば猪口を置いたまま顔を近づけたり、そばをすすらずにひと箸ずつ口に押し込む姿は、決しておいしそうに見えません。このような食べ方は若い人に多く見受けられますが、きっとパスタと勘違いしているのでしょう。やはりそばは音を立ててすすり、ツルッとしたのどごしを味わいましょう。

鍋の中をぐるぐるとかき回さない

大勢で、おいしく楽しくいただくのが何より、鍋料理には決まった食べ方というものはとくにありません。

しかし、鍋の中をぐるぐるとかき回す、一度つまんだ具を鍋に戻す、好きな具ばかりを取り続ける、とんすい（鍋用の小鉢）に一度に大量に取りわけるといったことを、自分の口に入る箸でされたら耐えられないという人も多いのではないでしょうか。まわりの人を不快にさせる食べ方はやめましょう。

うな丼の粉山椒《こなざんしょう》はご飯のほうにかける

醤油や味醂《みりん》のタレで焼くうなぎの蒲焼《かばや》きには、粉山椒はつきものです。その独特の香りが、蒲焼きの風味を引き立たせてくれるだけでなく、胃酸の分泌を促し、うなぎの消化を助けてくれるという効果もあります。

江戸時代、蒲焼きが流行する以前は、山椒醤油や山椒味噌に漬けて焼くのが主流でした。そもそもは毒消しのためだったようですが、山椒の香りがとてもうなぎに合うために、蒲焼きになっても山椒を粉にしてかけるようになったといわれています。

粉山椒をうなぎにかけるかご飯にかけるかはお好み次第。しかし、山椒の味も香りもかなり強いので、うなぎの繊細な風味を損なわないようにご飯にかける人が増えています。一度お試しあれ。

ちらし寿司はネタを醤油につける

お重のちらし寿司をいただく場合、醤油皿の醤油にワサビを溶いて、全体にかけてから食べ始める方がいますが、あまりおすすめできません。

お重の端のネタから、それぞれに少量のワサビをのせて醤油をつけ、器に戻してご飯と一緒に食べたほうがよいでしょう。そのほうが、ワサビの風味をいかしながら、ネタ一つひとつがしっかり味わえるからです。

にぎり寿司は、いったん倒してから、直接手か箸でネタとご飯をはさむようにして持ち、ネタにほんの少し醤油をつけて口に運ぶのが基本です。軍艦巻きは、箸先でネタに醤油を軽くつけてもかまいません。

太巻きは、具が飛び出さないように箸で両脇をはさみ、口元を隠して一口か二口で食べます。あるいは、まわりの海苔を箸で切り裂いて、二つに割って食べてもよいでしょう。

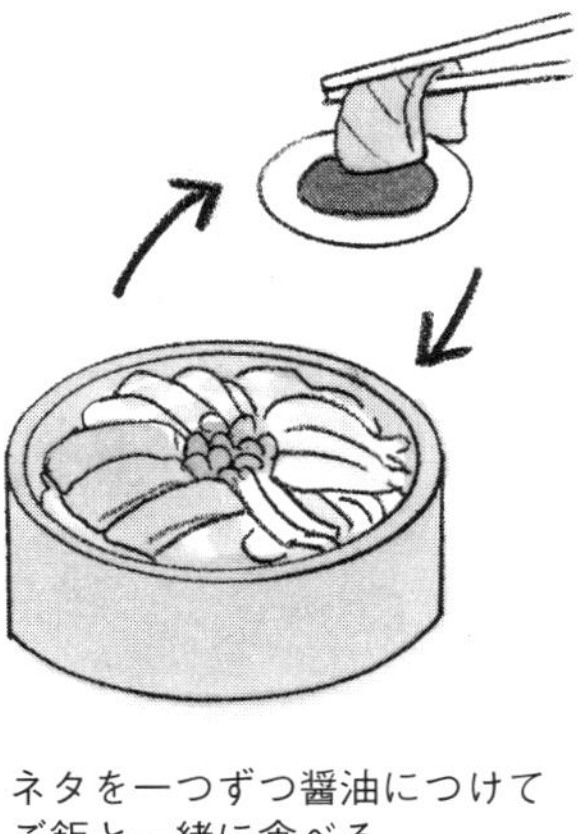

ネタを一つずつ醤油につけて
ご飯と一緒に食べる

香《こう》のものは音を立てないように噛む

会席料理の締めくくりとして、デザート(果物、水菓子)の前に、ご飯・止《と》め椀《わん》(汁《しる》椀《わん》)・香のものが出されます。ご飯と止め椀は、それぞれ交互に一口ずつ食べるようにします。

「たくあんをポリポリ」なんて、とてもおいしそうに聞こえますが、お食事の席では音を立てないのがマナー。香のものは、ご飯と一緒に奥歯でゆっくり噛むようにすると音が出にくいでしょう。

かじりかけの香のものをご飯の上にのせたり、お皿や器に戻してはいけません。一口で食べ切ってしまいましょう。

できるだけ歯型を残さないようにかじる

一口では食べきれず、箸やナイフで切れない料理は、できるだけ歯型を残さないようにかじります。口元は必ず隠しましょう。

そのために、口の中で小さくわけて噛むのがポイント。はじめに中心を、次に左右に少しずらして噛むと、歯型がそれほど目立たず見苦しくありません。歯型を残さない食べ方を、「しのび食い」といいます。

必ず口元を隠し、歯型が残らないようにかじる

パンは両手に持って食べない

西洋料理のコースでは、パンはスープを食べ終わったころから食べ始めます。おかわりするのは自由ですが、メインディッシュが終わったところで、残っているパンは下げられてしまいます。無駄にならないように、取りすぎには注意しましょう。

パンは両手に持ったまま
丸かじりしない

どんなに小さなパンでも、丸かじりはNGです。必ずちぎってから口に運び、そのとき、もう片方のパンは手に持たず、パン皿やテーブルの上に置きます。

両手に持って食べてはいけません。

サンドイッチやハンバーガーは両手で食べる

サンドイッチは、具が飛び出さないように注意しながら、両手で持って食べてもOKです。ピックが刺してあったら、食べながらずらしていきます。具を残してパンだけ、パンを残して具だけをつまんで食べることはやめましょう。

ハンバーガーも、サンドイッチと同じように具をこぼさないように両手で持って口に運びます。分厚いハンバーガーの場合は、具にケチャップやマスタードをかけたら、手のひらでギュッと押してつぶすようにすると食べやすくなるでしょう。

食べやすいように、あらかじめ半分、あるいは4分の1に切って、それぞれにピックを刺してもらうことができるかどうか、注文するときにお店の人にお願いしてみてはいかがですか。

パエリアは鍋から直接スプーンで取る

日本でいえば鍋のように、スペインの代表的な家庭料理であるパエリア。親しい人と大勢で食べるときは、お皿に取りわけないで鍋から直接スプーンで取って口に運びます。

目の前から中心を結んだ三角形の中が、自分が食べる範囲です。

中に入っているエビの殻をむいたり、貝殻から貝を取り出すときは、直接手を使ってもかまいません。

ムール貝の殻ではさむようにして、ほかの貝の身を取り出すこともできます。

ワインはリストを指差して注文する

ワインリストには、横文字のワインの名前がずらり。ワインの知識がまったくなく、選ぶのに迷ったら、ソムリエやお店の人におまかせしましょう。

赤、白、ロゼや、甘口、辛口といった好みがあったらきちんと伝えます。すべておまかせにしたいというのでしたら、注文したいメニューを伝えて、その料理に合うワインを選んでいただくのが確実です。「おまかせします」と言われても、ソムリエは何を基準に選んだらよいのかわかりませんからね。

ワインの値段もかなり高価なものがありますから、はっきりいくらまでと伝えておけば、お勘定のことでドキドキ・ハラハラしながらのお食事は避けることができます。

注文するときは同席者に配慮して、「このあたりのワインを」とワインリストを指差して注文するとよいでしょう。

お皿の肉は、一度に全部切りわけない

おいしそうなお皿の上の肉は、ナイフとフォークを使って、左端から一口大に切りわけながら口に運びます。

お皿がテーブルに置かれたとたん、一度に全部切りわけてしまう人がいます。食べるたびに切るのが面倒だからでしょうが、そうすると肉が冷めやすくなり、肉汁も流れ出てしまっておいしくなくなります。

骨付き肉は、はじめにナイフとフォークで肉を切り離してから、同じように左端から一口ずつ切りわけて食べます。

肉は、左端から一口大に切りわけながら口に運ぶ

お皿のソースは ソーススプーンですくう

お皿に残ったソースまできれいに食べてくれるのは、料理人にとってはとてもうれしいことなのだそうです。

パンでお皿のソースをぬぐうのは、フランス流。パンは手で持ってもよいし、フォークにさして口に運べばより美しく見えます。

ソースがたっぷりかかった魚料理などにはナイフとフォークではなく、ソーススプーンとフォークが添えられていることがあります。やわらかい料理を切ったり、ソースを味わうときは、このソーススプーンを使います。

ソースをすくうのは、手前から。お皿の向こう側（奥）にフォークを垂直に立てて、そのフォークを盾にするとすくいやすいでしょう。フォークの柄に人差し指をあてて持つと美しく見えます。

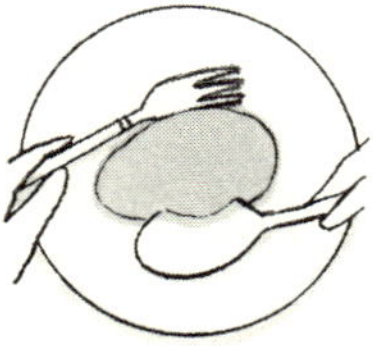

お皿のソースは、フォークを盾にして手前からソーススプーンですくう

大きな包子《パオズ》は両手で丸ごとかじらない

肉まんやあんまんなど、小麦粉をこねた皮で肉や野菜、あんなどを包んだ饅頭《まんじゅう》のことを包子といいます。

お店でいただくときは、大きさにもよりま

すが、箸を使って最初に半分に割り、さらに一口大に切りながら食べ進めます。

直接手で持っていただくときは、半分に割った片方はお皿の上に戻し、具や汁をこぼさないように、もう片方の割った面を上にして口に運びます。

できたての熱々をおいしくいただきたいものですが、くれぐれも火傷をしないように注意しましょう。

小籠包子《ショウロンパオズ》はちりれんげにのせてから口へ

中国料理の点心につきものの小籠包子は、肉汁がたっぷり入った肉まんのこと。白菜などが敷かれた蒸籠《せいろう》に入れて出されます。

中の肉汁が出てしまったら、おいしさも台無しです。皮を破らないように注意して箸ではさみ、取り皿に取りわけます。このとき、箸の先端を使わないほうがよいでしょう。

次に小籠包子をちりれんげに移し、タレを含んだ針生姜《はりしょうが》を包子に添えます。箸で皮を破ってから一口ずつ口に運び、肉汁はちりれんげからそのまま飲みます。

蒸籠から取りわけるのは、お店の人にお願いしてもかまいません。

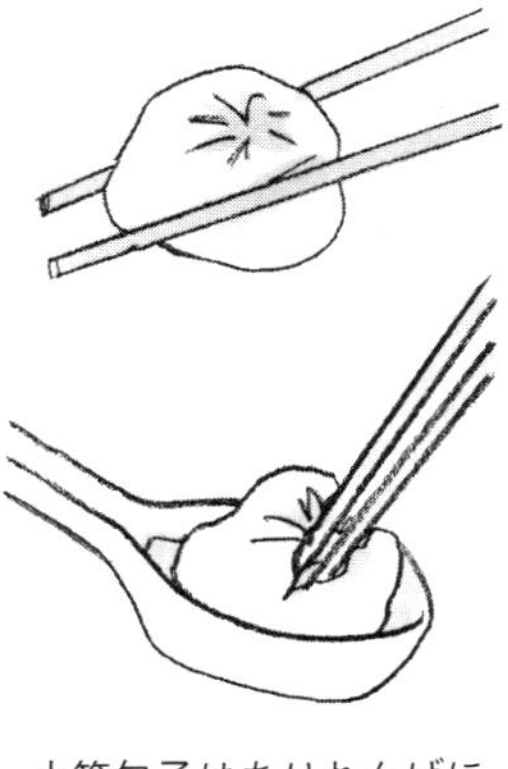

小籠包子はちりれんげに
移してから皮を破る

春巻きは中央を箸で割って食べる

春巻きは、丸ごとを縦にして持ち、かじったほうが具がこぼれないので食べやすいかもしれませんが、見た目にはあまり美しいとはいえません。

やはり、箸で一口大に切ってから口に運びます。両端よりも真ん中あたりに箸を入れると割りやすいかもしれません。こぼれてしまった具や汁は、割れた皮とからめて箸でつまみます。

熱々のおいしさを逃さないためにも、サクサクとした皮の感触を味わうためにも、出されたらすぐにいただきます。

シュウマイも、箸で刺さないではさんで持ちます。一口では無理なときは、かじらないで真ん中を箸で切ってから食べます。

春巻きは丸ごとかじらないで、箸で切ってからいただく

生ガキの汁は殻から直接すすってもよい

「海のミルク」と呼ばれるほど栄養価の高いカキは、おいしい食べ方がいっぱい。

とくに、冬場にオードブルとして出されることの多い殻つきの生ガキ、そのプリプリの身をツルンと口の中に吸い込む感触はたまりませんね。

レモンをギュッと搾って生臭さを消し、フォークで身を取り出します。身が殻からはずれていないときは、フォークで貝柱からこすりとります。残ったおいしい汁は、殻を手に持って、音を立てないようにしてフチから直接すすってもかまいません。

ただし、生食用の新鮮なカキでも、体調の悪いときには食べないように気をつけたほうがよいでしょう。

枝豆を食べるときは口元を隠す

大豆になる3ヵ月ほど前の未熟なうちに、茎ごと収穫されるのが枝豆です。暑い夏の夜に、冷えたビールにゆでたての枝豆をいただく、湯上がりにはたまらないひとときですね。

枝豆は、ハーモニカを吹くように口に横向きにあて、さやを押して豆を口の中に押し出すようにいただくのが一般的です。

このとき、もう片方の手で口元を隠すようにするのが美しいしぐさです。

ブドウやサクランボは直接指で口に運ぶ

デザートに出されたブドウやサクランボなどの小さなフルーツは、直接手でつまんで食べてかまいません。

ブドウは、上半分の皮を手でむいたら下から身を押し出してから口に運びます。サクランボは、軸を取ってそのまま口に運びます。

口の中の種を取り出すとき、指先を唇にあててつまみ出してはいけません。右手を軽く握って口元に近づけ、親指と人差し指に囲まれたくぼみに落としてから、お皿の隅にまとめて置きます。このとき、左手で口元を隠すことを忘れずに。

汚れた手はフィンガーボウルで洗うか、ナプキンでぬぐいます。フィンガーボウルには両手を一緒に入れないこと。片手ずつ、指先をこすり合わせるようにして汚れを落とします。

カナッペは2〜3口ほどで食べ終える

クラッカーや薄切りの小さなトーストの上に、チーズやキャビア、イクラ、プチトマトなどをのせたオードブルが、カナッペです。

食べ物をかじるというのはあまり美しい所作とはいえません。上に具がのっているので一口大に割ることもできないため、できれば一口で食べ切ってしまうのが理想です。

やむを得ないときは、できるだけかじる回数を少なくして食べ終えるようにしましょう。かじりかけはお皿の上に戻さないこと。

利き手とは反対の手で多少ぎこちなく、親指・人差し指・中指の3本の指だけで持つと、指輪も見えてエレガントです。

ホットケーキは2枚ごと十字に切る

ふっくらと焼きあがったホットケーキは、2枚重ねて出されることが多いようです。バターを塗ったりシロップをかけるタイミングは人それぞれです。

一般的なのは、冷めないうちに、まずはナイフでバターを上と下に塗ってから2枚を重ね直します。

次に、ナイフを中央に入れて、2枚ごと十字に切ります。そこでシロップを全体にかけて、下までよく浸みわたったら、2枚重ねたまま一口大に切りわけながら口に運ぶと、おいしくいただくことができます。

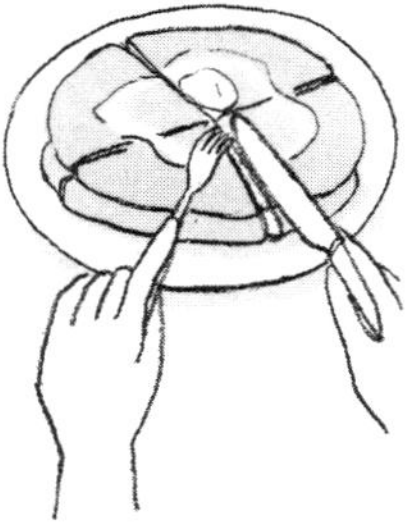

2枚重ねて十字に切ってから全体にシロップをかける

シュークリームは最初にフタをはずす

生のカスタードクリームを、サクサクのパイシュー皮でおいしく包んだシュークリーム。切れ目が縦だったり横だったり、入っていなかったりとさまざまですが、横に入っているものが多いようです。

お店でいただくとき、ナイフとフォークが添えてあったら、フォークで左端を押さえ、ナイフでカットしながら口に運びます。

フォークだけのときは、まずフタ（上）のシュー皮を手ではずし、一口大にちぎります。フォークを使ってクリームをつけながら味わいます。下の部分は、フォークで一口大に切って食べます。

ちなみに、シュークリームの正式な言い方はシュー・ア・ラ・クレーム。海外でシュークリームというと靴墨のことですので、くれぐれもご注意を。

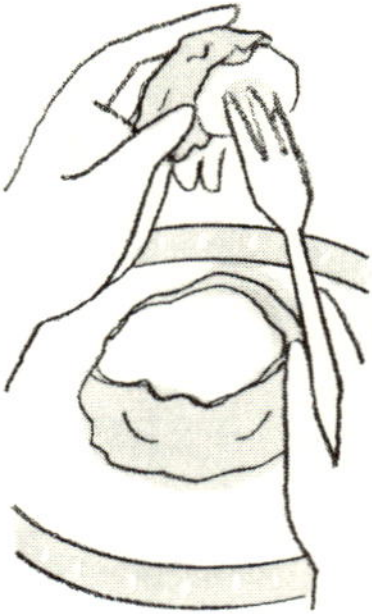

フタのシュー皮にフォークでクリームをつけながら味わう

生菓子《なまがし》は丸ごとかじらない

お茶席では、抹茶の前に菓子をいただきます。薄茶《うすちゃ》のときは干菓子《ひがし》、濃茶《こいちゃ》のときは生菓子が用意されているのが一般的です。

自分の分は、菓子器から箸を使って懐紙の上に取ります。そのまま畳の上に置いて、主人から「どうぞ」と声をかけられたら食べ始めます。

干菓子はそのまま口に運んでよいのですが、生菓子は丸ごとかじらないこと。懐紙を手に持って、持参した黒文字《くろもじ》（楊枝《ようじ》）で一口大に切って口に運びます。

お茶席に限らず個人宅でも、おもてなしの和菓子は、黒文字を使っていただきます。

生菓子は黒文字で一口大に切る

カプチーノは朝食のときにだけ飲む

イタリア料理やフランス料理のコースで、最後にエスプレッソを飲むのが一般的です。

エスプレッソは、イタリアやフランスでもっともよく飲まれるコーヒーです。深煎《ふかい》りの細かく挽《ひ》いた豆を専用マシンで濃く抽出し、小さなデミタスカップで出されます。

いっぽうカプチーノ（カップッチョ）は、イタリアで好まれているコーヒー。エスプレッソの上に、ホイップしたクリームや泡立てたぬるい牛乳を浮かせ、シナモンやココアの粉で風味づけされていることもあります。

朝に食事をする習慣がほとんどないイタリアでは、一切れのパンやクッキーと一緒にカプチーノを飲むのがささやかな朝食とされています。カフェでも朝だけ。昼食以降に出されることは通常ありません。

従って、食後にカプチーノを注文することは、「料理が物足りなかった」「満腹にならなかった」という意味に取られるので好ましくないとされています。

日本では、メニューにのっていればエスプレッソでもカプチーノでも好きに飲んでかまいませんが、イタリアではこうした習慣があることは覚えておいて損はありません。

カップの持ち手には指を通さない

指先のエレガントな動きは、その人のしぐさをとても美しく見せてくれるものです。

ものを持つときは、できるだけ指先をそろえるのが基本です。

コーヒーや紅茶をいただくときも、カップの持ち手に指を通さないこと。親指と、そろえた人差し指・中指とで、ちょっと力を入れてはさむようにして持ちます。このとき、小指を立ててはいけません。

利き手が右手の人は、あえて左手でカップを持ってみましょう。ふだん慣れていないためにかえって動作がゆっくりになり、エレガントな印象を与えます。

利き手が右手の人は左手で、カップの持ち手には指を通さないで、はさむように持つ

カップは、テーブルの上から斜めに口元に運ぶのではなく、いったんからだに引き寄せてから口元まで持ちあげる動きのほうが美しいでしょう。

カップやソーサーは裏返して見ない

日本の茶事の中に、茶碗を拝見する作法があります。茶碗を手に取り、ひっくり返したりしながら、つくりや焼きの具合などを観賞するものです。

コーヒーや紅茶が、ウェッジウッド、ロイヤル コペンハーゲン、リチャード ジノリなど、素敵なデザインのカップ&ソーサーで出されたときはとてもうれしいものです。

だからといって、茶碗を拝見するようにカップやソーサーを裏返して、どこのブランドかをチェックするようなことは決してしてはいけません。

素敵な器であることを話題にしながら、直接尋ねればそれですむことです。

コーヒーにミルクを入れたらかき回さない

コーヒーや紅茶のカップに角砂糖を入れるときは、いったんスプーンの上にのせてからそのまま入れるようにします。

スプーンで静かにかき回してから、その先端がコーヒーや紅茶の表面にふれるところでいったん止めてからサッと引き上げると、水滴がスプーンに残ることはありません。

また、お砂糖を入れてかき回してすぐにミルクを入れれば、再びスプーンを使わなくてもミルクは混ざります。

きれいなままのスプーンは、カップを持ちあげるときにじゃまにならないように、ソーサーの向こう側に置きます。

そこは、向かいの席の人にはよく見えるところなので、先が汚れたスプーンを置きたくありませんからね。

かき回したスプーンの先端を表面で止めてからサッと引き上げると水滴が残らない

お酒を飲むとき

お酌《しゃく》をする（される）ときは必ず両手で

お酌をするときも、されるときも、両手を使うのが美しいふるまいです。

ビールやワインは、ラベルを上にして右手で持ち、左手で注ぎ口の近くを下から支えます。泡が立ちすぎないように、静かに注ぎましょう。

日本酒は、お銚子の真ん中あたりを上から持ち、下から注ぎ口の近くを左手で支え、その左手をテコにして注ぎます。

盃にはなみなみと注がず、八分目が目安です。お銚子の首をつまんで片手で注ぐのは、絶対にしてはいけません。

お酌されるときは、ビールグラスも日本酒の盃も、テーブルに置いたままではなく、必ず右手で持って左手で下から支えます。

お酌をするときもされるときも、
必ず両手を使う

注いでいただいたグラスや盃を、そのまま口に運んではいけません。いったんテーブルの上に置くか、手元に引き寄せてから飲むようにしましょう。

ワインやシャンパンは、テーブルにグラスを置いたままで注いでいただきます。手に持つ必要はありません。

グラス（盃）が空になってからお酌をする

お酌をするタイミングは、相手のグラスや盃が空になったことを確認してからがベストです。

ぬるくなってしまったビールに冷たいのを注ぎ足されてもおいしくありませんし、もっと飲みなさいと催促しているようで、相手の飲むペースを乱してしまいがちです。

お酌をされたとき、お酌した人のグラスが空になっていることが多いので、きちんと目配りをして注ぎ返しましょう。

お酌を断りたいときは、グラスを手でおおうのではなく、フチに人差し指と中指を軽くあてるだけでＯＫ。盃を伏せておくのは、お酒が飲めないというサインです。

瓶の中のわずかなお酒は相手に注がない

お酌をしようと注いでいたら、グラスや盃がいっぱいになるだけの量が瓶やお銚子に残っていなくてあわててしまったということは、どなたにでもあるでしょう。

とくに目上の人に対しては、残り物を注い

でしまったようで、とても失礼なことをした気になるものです。

　お酌をする前に、必ず残っている量を確認すること。中途半端な量のときには、新しいお酒を頼みましょう。

「手酌《てじゃく》で」と言われたら無理強いしない

　同席した人がすべてお酒に強いとは限りません。飲むペースは人それぞれ、お酒を無理強いされるのはとてもつらいことです。

　それに、相手のグラスの中が気になってお酌をしあうことばかりに気を取られていては、お食事も楽しくありません。

　確かに、お酌のやりとりによって場は和《なご》むものですが、「あとは手酌でいきましょう」と言われたら、その気持ちを尊重したほうがよいですね。気をきかせすぎるのは、かえって相手の負担になります。

遠い席の人にまでお酌をする必要はない

　大勢での食事の席で、ビール瓶やお銚子を持って、出席者一人ひとりにお酌してまわっている人を見かけます。

　席が遠い人とはなかなか話ができないので、お酌をきっかけにしたいのでしょう。その気持ちはわかりますが、動き回られると落ち着きませんし、ある程度アルコールが進んでくると粗相しがちにもなります。

　義務感で、わざわざ遠い席の人にまでお酌に行く必要はありません。

「今日は無礼講《ぶれいこう》」と言われても節度を保つ

「今夜は無礼講だ。トコトン飲んで楽しくやろう」という上司のかけ声で始まる宴会、サラリーマンでしたらどなたにも経験があるでしょう。

そもそも無礼講とは、戦国時代に殿様が家来の本心を探るために考え出したはかりごと。時代が変わっても、身分や地位を気にして堅苦しい席にならないように、あくまでも身分や地位の上の人が下の人に対して気づかって開く宴会や集会のことです。

そこを「何をやってもかまいません」と勘違いしてハメをはずしている人がいるようですが、許されることではありません。上司や同僚には下品で粗雑な人というマイナスの印象を与え、仕事もやりにくくなるでしょう。

無礼講は社交辞令と心得て、お酒の席ではいつも節度を保ちます。

ちなみに、無礼講とは反対に、出席した人が礼儀正しさをくずさない席のことを「慇懃《いんぎん》講」といいます。

バーでは食事よりお酒をメインにする

静かな雰囲気の中でお酒を味わいたいと、ホテルのラウンジ・バーを行きつけにしている方はけっこういらっしゃいます。

お店によっては、ドレスアップするかジャケットの着用を求められるところもありますが、それ以外はカジュアルすぎない服装であれば、とくに問題はありません。

バーとは酒場のことで、日本でバーというとカウンターでお酒を飲む店を指すことが多いようです。

ですから、バーでのオーダーは、お酒をメインにして、あとはおつまみ程度に。バーでお腹をいっぱいにしようと思わないほうがよいでしょう。

バーテンダーにすべてをおまかせにしない

バーテンダーはお酒の知識や調合のプロであり、おもてなしのプロでもあります。一人でバーに入ったら、テーブルではなくカウンターに座ってバーテンダーと会話をするのも楽しみの一つです。

しかし、はじめてのバーでいくらお酒のことが詳しくないからといって、「おまかせします」と言われてもバーテンダーは困ってしまいますね。

ビール、ウイスキー、バーボン、カクテルなのか、甘口系、辛口系、サッパリ系なのか、お酒は強いのかどうか、種類と好みぐらいは伝えます。お酒の飲めない人は、ソフトドリンクよりノンアルコールのカクテルを注文するとよいでしょう。

カウンターの上にバッグ類を置かない

お店に入って来るや、手に持ったバッグをカウンターの上にドカッと置くのは、テーブルの上に置くのと同じこと。

口に入れるものが置かれる場所に、底が汚れたものを平気でのせる無神経さには首を傾げたくなります。

小さいバッグは、椅子に浅く腰かけて背中と背もたれのあいだか、隣の椅子が空いていたらお店の人に断って置かせてもらってもかまいません。大きなバッグは、お店に預けるか、隣の人のじゃまにならないように足もとに置きます。

バッグはカウンターやテーブルの上に絶対に置かない

バーでタバコを吸うとき隣の人にも配慮

レストランでの分煙や禁煙は進んでいますが、バーで全席禁煙というところはほとんどありません。葉巻やパイプを片手にお酒を飲みながらくつろげるシガー・バーというのもあって、愛煙家にとってタバコとお酒は切っても切れない関係にあるようです。

しかし、中にはタバコが嫌いな人もいるでしょう。隣の席のタバコの煙がとても辛いという人がいても、愛煙家はそのことに気づきにくいものです。

タバコを吸うときは、両隣の席の人には「吸ってもよろしいですか」とひと言を。それだけ気づかう人に対して、「困ります」とは言えないでしょう。

　そこはお互い様で、それでもタバコの煙に耐えられなかったら席を替わるか、そのお店を出るしかありません。

カクテルの2本のストロー1本はスペア

　細かく砕いた氷（クラッシュド・アイス）の入ったフローズン・カクテルを頼むと、グラスには2本のストローが入っています。なぜなのでしょうか。

　昔のストローは葦《あし》の茎《くき》で、すぐに折れたり曲がったりするため、1本より2本にしたほうがかき混ぜやすかったその名残という説のほか、お酒をストローでチビチビ飲むと早く酔ってしまうので、2本にして少しでも多くの量が口に入るようにしたため、という説など、諸説あります。

　しかしもっとも有力なのは、細かな氷はストローに詰まりやすいので、2本目は詰まって使えなくなったときのスペアとして入れてある、という説です。

　いずれにしても、カップルが二人で仲良く飲むためにお店が用意してくれたものではありません。

フローズン・カクテルの2本のストロー、1本はスペア

カクテルのオリーブの種は灰皿に捨てる

「カクテルの帝王」「カクテルの王様」「カクテルの中の傑作」と呼ばれ、ジンをベースにした代表的なカクテルのマティーニ。グラスには、オリーブの実が添えられています。

辛口のカクテルにはオリーブ、甘口のカクテルにはチェリーがデコレーションとして使われるのが一般的です。

このオリーブ、カクテルを飲む前に食べるか、食べられない人はすぐにグラスから出しましょう。食べた後の種や取り出した実を、むき出しのままで置いてはいけません。必ず紙ナプキンに包んで、手近な灰皿に入れておきます。

このマティーニのほか、マンハッタンやギムレットなど氷の入っていないショートカクテルは、冷たいうちに短い時間で飲むもの。氷の入っているロングカクテルは、色や香りを楽しみながら少し時間をかけて飲むものとされています。

マドラーをグラスに入れたまま飲まない

水割り、ロック、カクテルなどの飲み物をかき混ぜるためのマドラー。棒状のものから、カクテルの柑橘《かんきつ》類、焼酎のレモンや梅干しをつぶしやすくするため先端がスプーン状のものなど、かたちや材質はさまざまです。

グラスの中をかき混ぜたら、マドラーは必ず取り出して、紙ナプキンの上に置きます。

グラスに入れたまま飲んではいけません。

オリーブやチェリーに刺してあったピックも、飲んでいるときにはコースターの上に置き、飲み干したらグラスの中に戻しておきます。

2章　喜ばれる訪問と、心を込めたおもてなし

［個人宅の訪問］

●履物は前を向いて脱いでよい

玄関では、前を向いたまま履物を脱いであがる。ただし、あがりかまちが高い玄関では脱いだ履物の向きを変えるのが大変なので、はじめから後ろ向きにあがってかまわない

●履物は玄関の端に置く

脱いだ履物は、お迎えの人に背を向けないようにしてからだの向きを変え、つま先を外に向けて、お迎えの人から遠い玄関の端に置く

●約束の時間前にチャイムを押さない

ギリギリまでおもてなしの準備をしていることがあるので、約束の時間より前にチャイムを押さない。訪ねる時間帯は、午前中は10〜11時半、午後は１〜４時ごろが最適

●座布団は大切に扱う

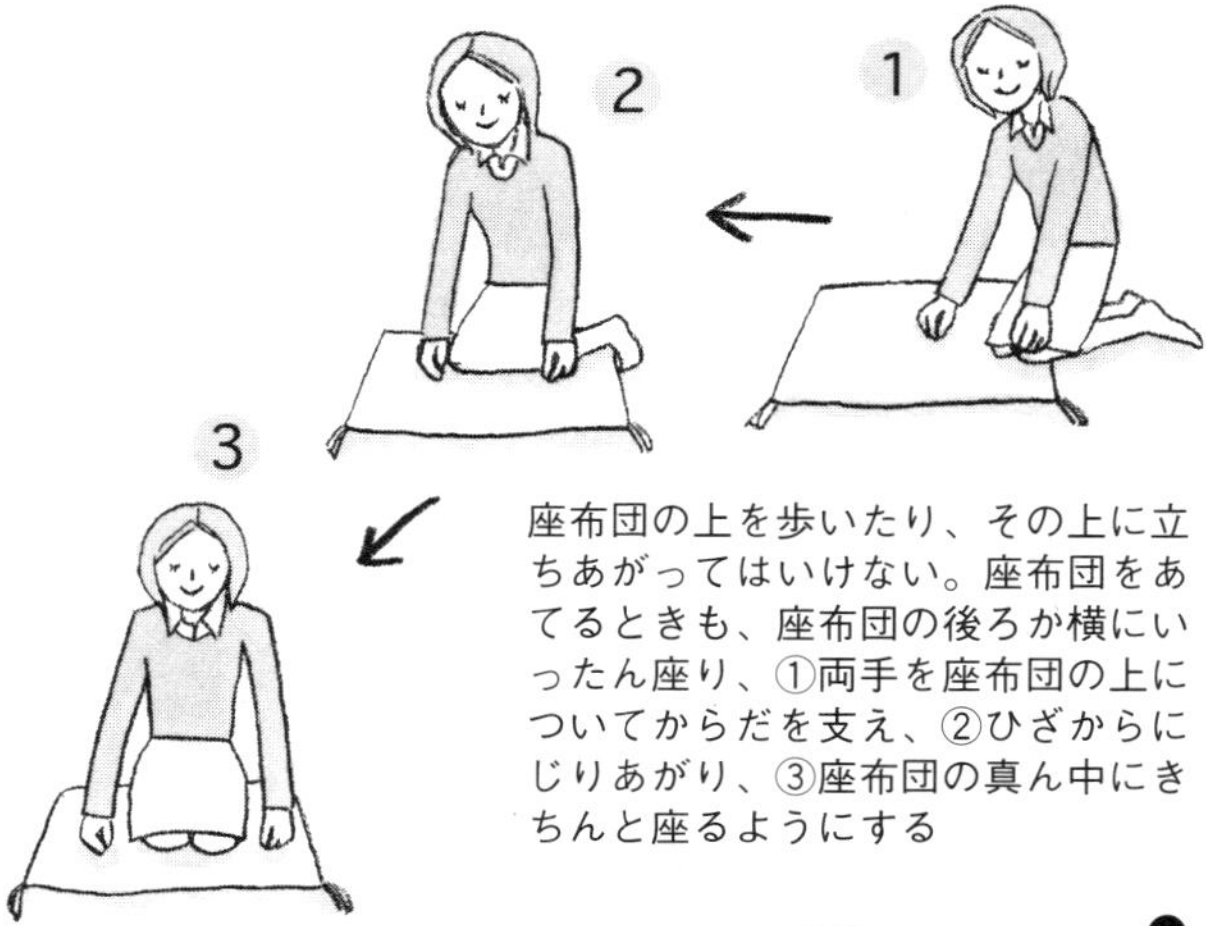

座布団の上を歩いたり、その上に立ちあがってはいけない。座布団をあてるときも、座布団の後ろか横にいったん座り、①両手を座布団の上についてからだを支え、②ひざからにじりあがり、③座布団の真ん中にきちんと座るようにする

●コートは必ず玄関前で脱ぐ（着る）

コートは玄関前で脱ぎ、裏返しにたたんで持ってからチャイムを押す。部屋まで持ち込まないで、玄関のじゃまにならないところに置かせてもらう。着るときも玄関の外で

●高い手みやげは持参しない

手みやげは、貴重な時間を割いてくれることへの感謝の気持ちを伝えるもの。あまり高価なものは相手の負担になるので2000円程度までのものにする

[ビジネス訪問]

●尊重する人は、後から紹介する

紹介する順序は、自社の人を他社の人に、地位の下の人を上の人に、若い人を年配の人に、身内を他人に、男性を女性にというのが決まり。その場で尊重する人は、後から紹介する

●引くドアの部屋にはお客様が先に入る

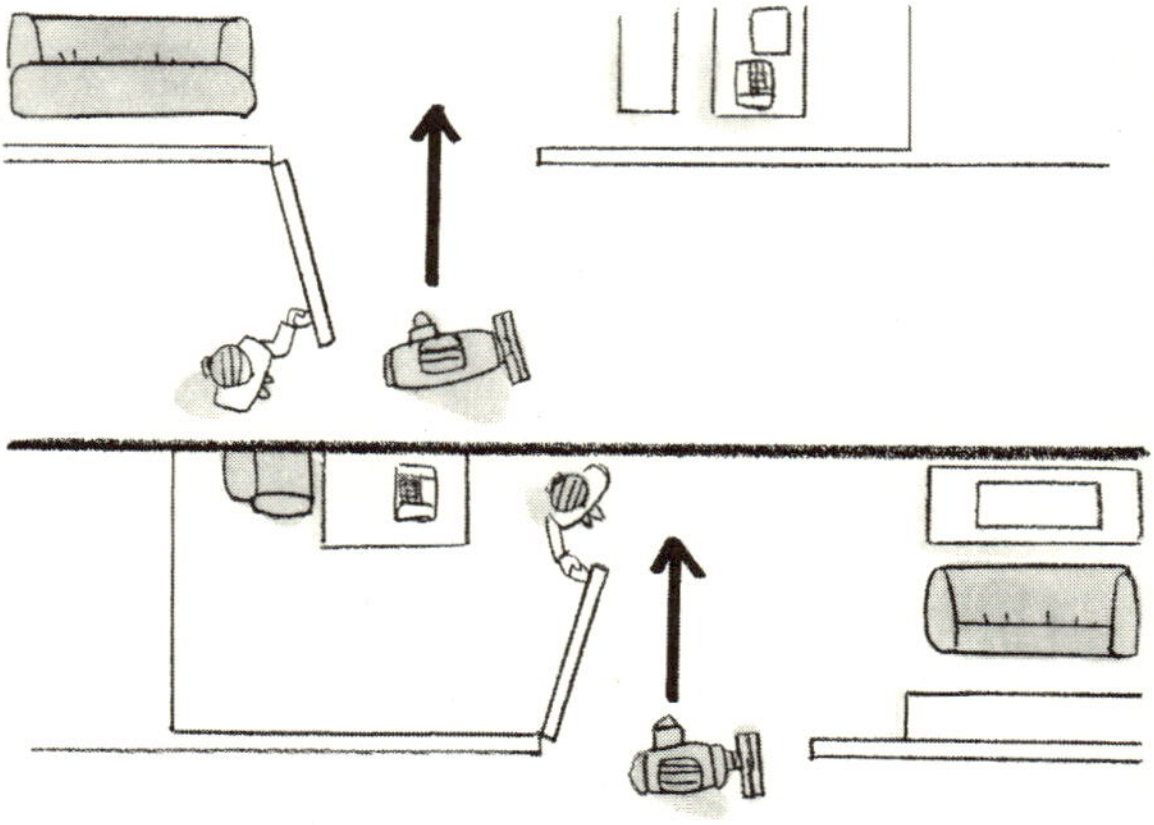

引いて開けるドアの部屋はお客様が先に、ストッパーのない押して開けるドアの部屋はお客様が後に入る。部屋に案内するときは、お客様に背中を見せないように注意する

●好感のもてる名刺のやりとりをする

相手の顔を見ながら「はじめまして」と言って会釈

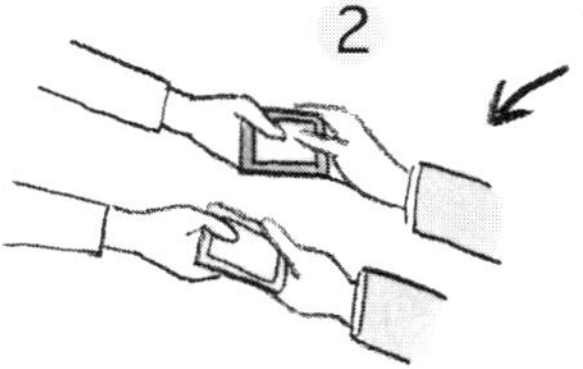

名刺を両手で差し出し、渡す直前に右手だけで名刺を持って相手の左手に置く。左手で相手の名刺を受け取る

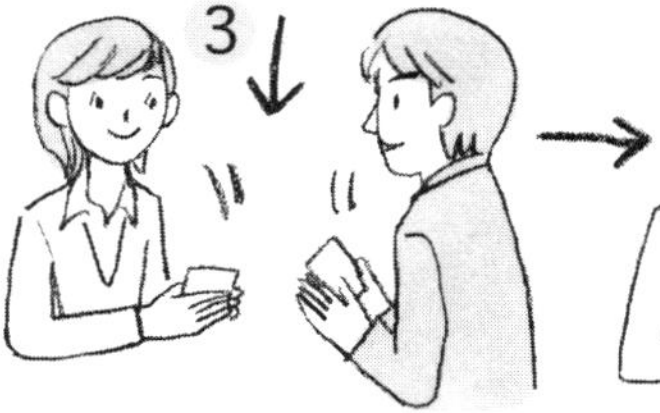

受け取った名刺を両手で持ち、手の位置は胸の高さをキープして後ろに下がる

名前を確認して、あいさつの言葉を交わしてお辞儀をする

●遅くても５分前に受付に着く

商談を始める時刻と会社に到着する時刻は違う。受付は、遅くても商談の約束時刻より5分前にはすませる

●席次《せきじ》（上座、下座）はきちんと守る

会合や儀式で、どこの席に誰が座るか、座席の順序のことを「席次」といいます。

そのうち、職業上の地位（役職、肩書）や年齢が上の人、主催者ではなくゲストが座る席が「上座《かみざ》」、その反対が「下座《しもざ》」です。

会社を訪ねたときや、接待で飲食店に入ったり移動するときなど、上座に座るべき人を下座に案内したり、自分が平気で上座に座っていたりすると取引停止にもなりかねないほど、ビジネスの世界は厳しいのです。

一般的には、「出入口から遠い席が上座、近い席が下座」という決まりがあります。どの席に座ったらよいかがわからなかったり、座る席を指定されなかったら、とにかく出入口にもっとも近い席（下座）に座っていれば間違いありません。

●状況次第で融通をきかせる

席次は、出入口からの距離で決まるとはいっても、高層ビルでしたら眺めのよい席、夏なら涼しく冬なら暖かい席、長いテーブルでは端より真ん中のほうが座り心地がよいはずです。相手から「ここに座りたい」と言われたらそれを認めるなど、上座・下座も状況次第で融通をきかせることが大切。

ただし、上座・下座の決まりをきちんと知った上で配慮したのに、「この人、何も知らない」と誤解されるのは問題です。「こちらのほうが眺めがよいので」「こちらの席のほうが涼しいので」といったように、なぜその席をすすめたのか、その理由を相手にはっきり伝えましょう。

［席次］

●洋室　　**●和室**

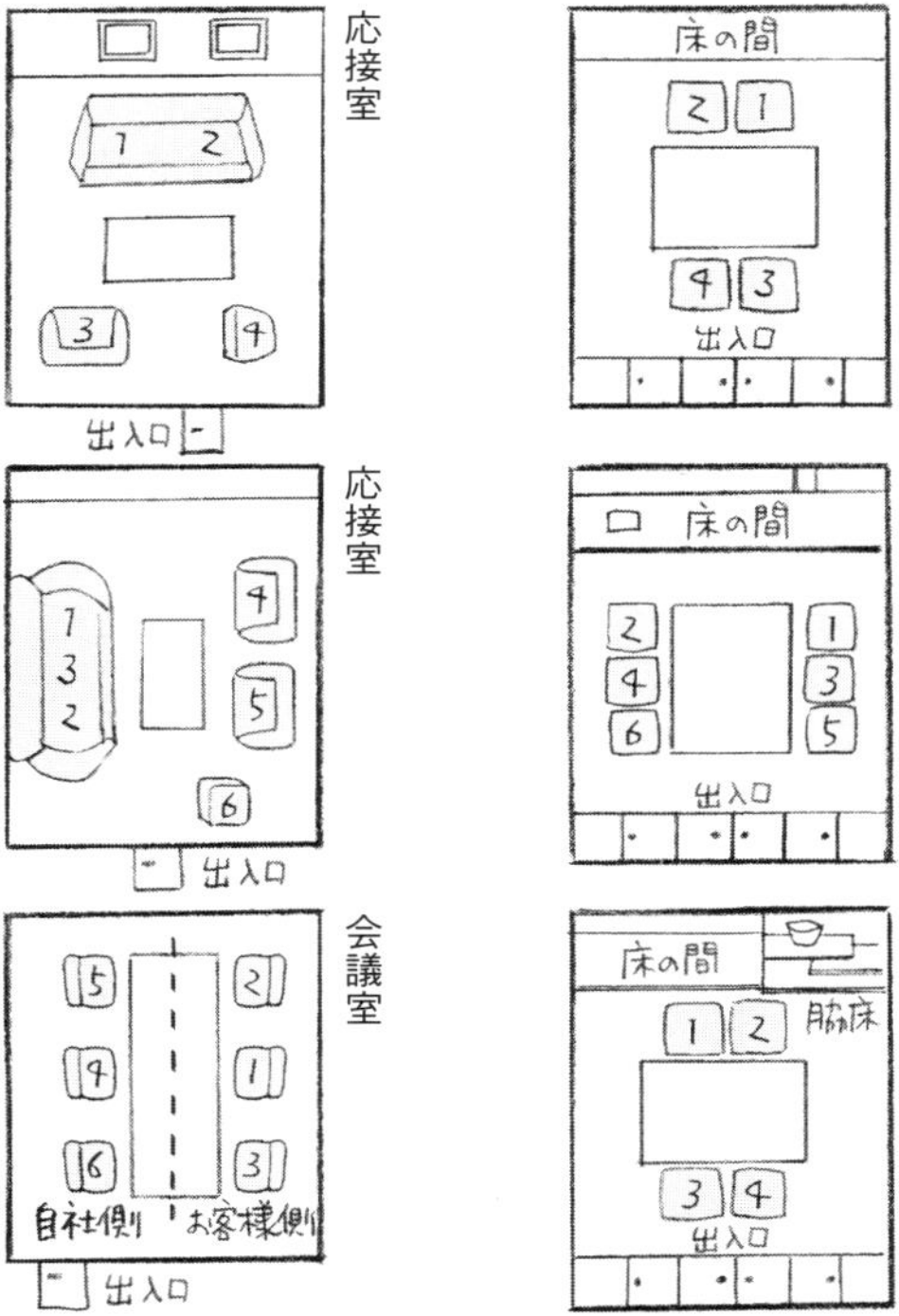

会議室や応接室では、長いソファーがもっとも格が上。二人並んで座るときは、壁側から見て右が第一席。会議室は、出入口から遠いほうがお客様側となる

和室では、床の間の前が上座。並んで座るときは、床の間から見て左が第一席、その隣が第二席。床の間がない場合は、出入口からもっとも遠い席が上座、近い席が下座

●レストラン

出入口からもっとも遠い、または中央のテーブルが最上席。各テーブルも、出入口から遠い席が上座、近い席が下座。高層階のレストランでは、眺望も席次の基準になる

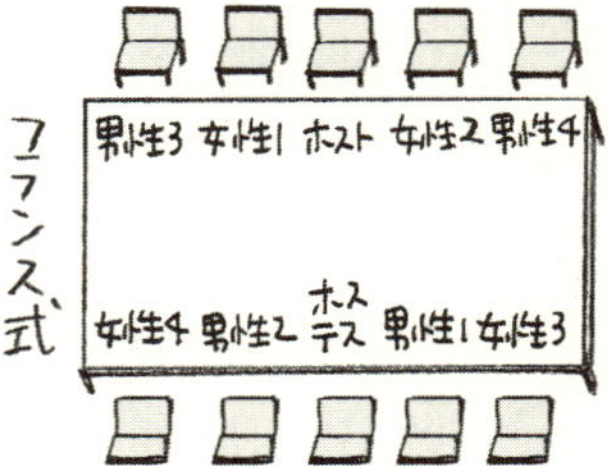

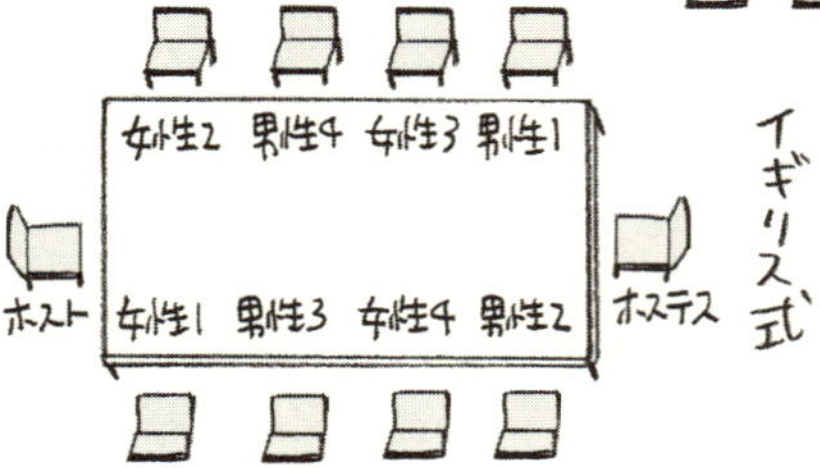

●中国料理店の円卓

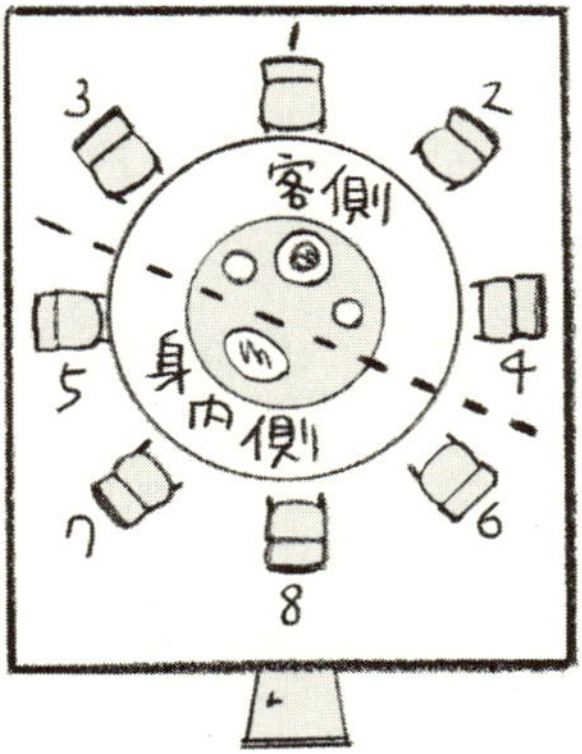

出入口からもっとも遠い円卓が最上席、もっとも近いのが最末席。円卓ごとも、出入口から一番遠い上座から順に座る。接待のときは、客側と身内側をわけて座る

●カウンター

一番奥、お店の出入口からもっとも遠い席が上座。一番奥の席が埋まっていたら、カウンターの中で、あいている席の出入口から遠い席が上座になる

●乗り物

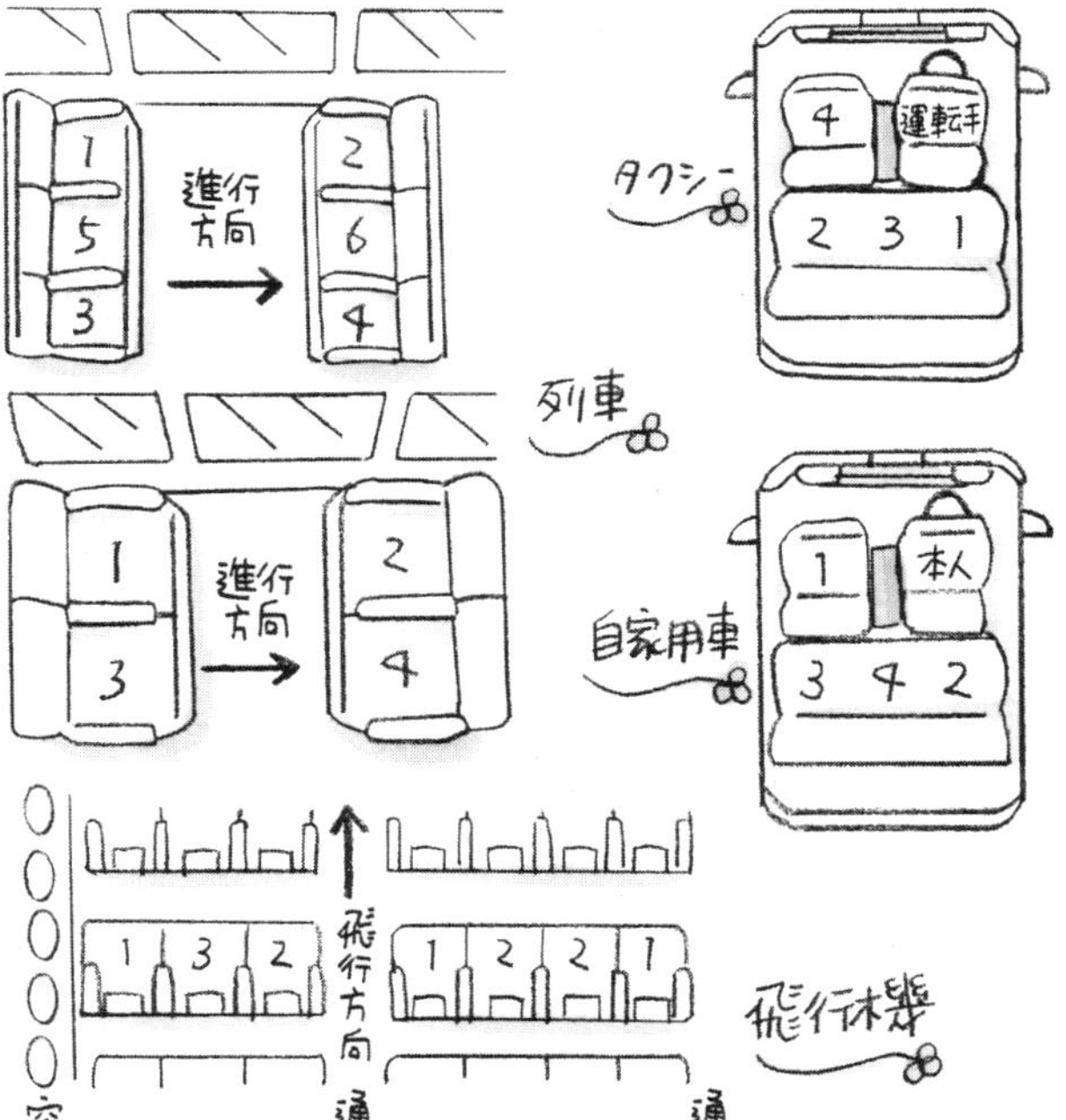

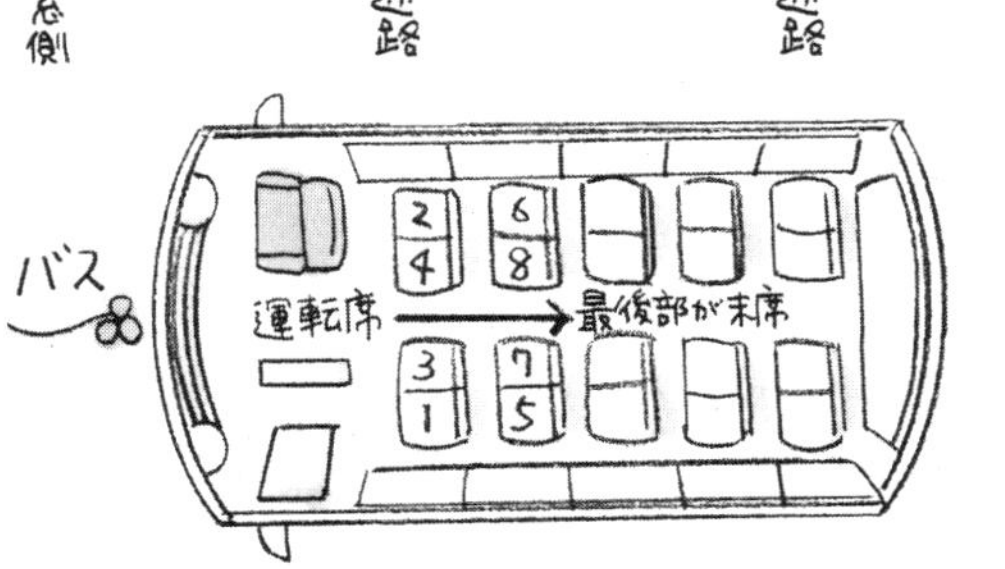

乗り物にも席次がある。接待で取引先と一緒に移動するときには、細かく気をつかう

個人宅を訪問する

手みやげによっては玄関先で渡してもよい

手提げの紙袋に入れた手みやげは、そのまま持って部屋に入り、ひと通りあいさつがすんだら、紙袋から取り出して渡すものです。風呂敷に包んである場合も同じです。

ただ、アイスクリームや生鮮食品など、冷凍ものや冷蔵ものですぐにでも冷蔵庫に入れてほしい手みやげは、玄関先で渡したほうがよいでしょう。

包みはいったん自分のほうに向け、包装紙やひもが乱れていたら調整します。続いて180度回転させて包みの正面が相手に向くように置き、両手を添えて差し出します。

和室では畳の上に置いて、180度回転させて相手に向けて両手で差し出します。

洋室では、わずかにからだを前へ傾け、両手で持って相手に渡します。親しい間柄のときは、紙袋も一緒に渡してかまいませんが、そうでなければたたんで持ち帰りましょう。

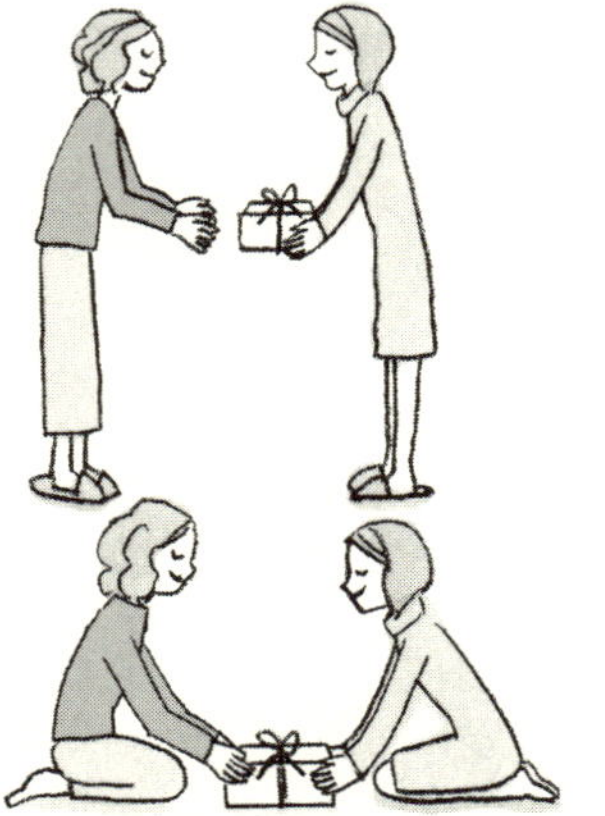

からだを前へ傾けて、必ず両手で持って相手に差し出す

ものを渡す（受け取る）ときは両手で

片手で品物を受け渡しするのは粗雑に扱っているようで、不作法な印象です。必ず両手を使うように心がけましょう。

たとえば四角い品物の受け渡しの場合、

①右手の上に品物を置き、左手を品物の左下角に添えます。

②左手はそのまま、右手を右上の角に滑らせるようにして移動させます。

③左手を広げて品物を下から支え、右手で品物を１８０度回転させます。

④左手で品物を下から支えたまま右手を添えて、相手に差し出します。品物の下で、相手の指先がふれたら左手を引っ込め、右手もゆっくり品物から離します。

お互いの指先がふれるようにすれば、品物を落としてしまう心配はなくなります。

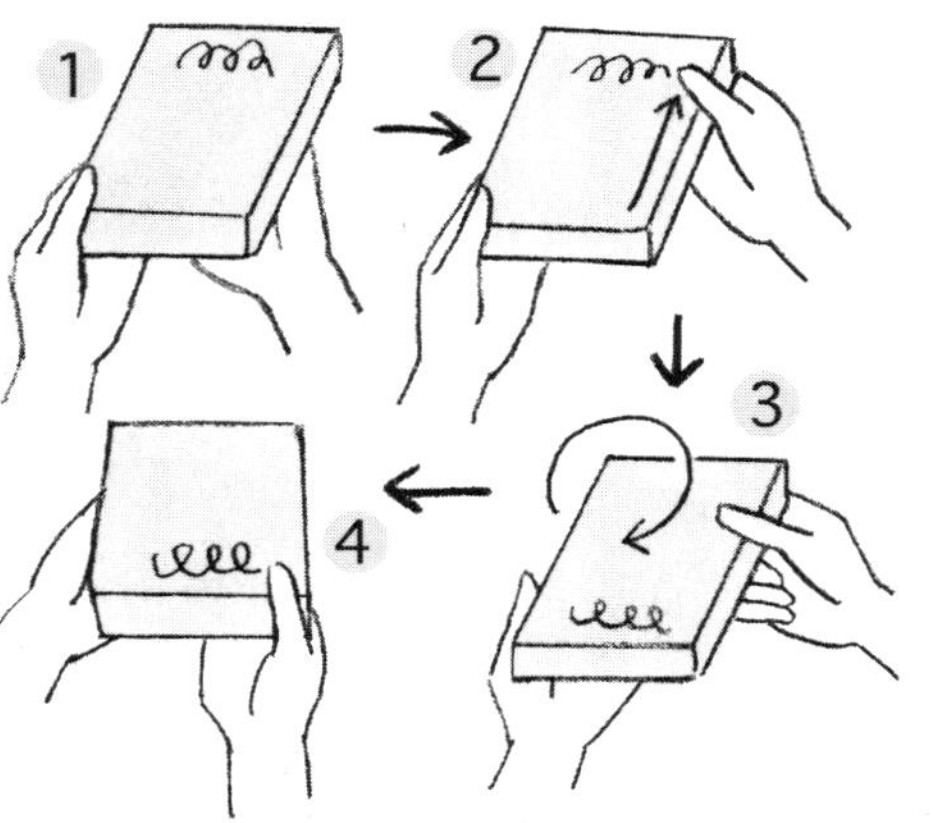

品物を渡すときは、相手に正面を向けて必ず両手で

右からおしぼり、お茶、お菓子を並べて置く

お客様にお茶だけ出すことを、空茶《からちゃ》といいます。本来はお菓子を添えるものなので、「空茶で失礼します」「空茶ですが、どうぞ」と断るものとされてきました。

会社でしたらともかく、自宅でのおもてなしには、お茶とお菓子はセットで、そこにおしぼりを添えるとなおよいでしょう。

並べる位置は、お客様から見て、向かって右からおしぼり、お茶、お菓子の順。お茶を一番左に置くと、右手で湯飲み茶碗を取るときに、真ん中のお菓子の上を通ることになり粗相しやすいからです。

この3点セットをお客様の右側から出すか左側から出すかで、おしぼりが先かお菓子が先か出す順番は違ってきますが、いずれにしても並べる位置は間違えないようにします。

湯飲みもコーヒーや紅茶のカップも、そのフチにふれないように、あらかじめ茶托やソーサーの上にセットしてお盆にのせて運びます。お客様が大勢いるときは、お客様の前でセットしてお出しすることもあります。

お客様から向かって右からおしぼり、お茶、お菓子の順

できるだけ物音を立てないように置く

お客様にお茶を出すとき、ガチャガチャと音を立ててしまっては、ずいぶんがさつな人と思われます。鉛筆を立てるような気持ちで置くとよいでしょう。

飲み物以外でしたら、水平にしていっぺんに置こうとしないこと。品物をわずかに傾けて、向こう側の1ヵ所をテーブルにつけてから残り全体をゆっくり置くのがコツです。

鉛筆を立てるような気持ちで静かに置く

玄関にも上座・下座がある

お迎えの人がいない場合、玄関では下駄箱のある側が下座、その反対側が上座とされています。

しかし、お迎えの人がいる場合は、下駄箱の位置にかかわらず、お迎えの人が立つ側が上座です。そのことを念頭に、玄関に入ったらお迎えの人の反対側に立つのが礼儀です。とくに目上の方のお宅を訪ねたときには注意しましょう。

反対に、目上の方をお迎えするときは、下駄箱の側に立つようにします。

玄関に下駄箱が置かれてあってもなくても、脱いだ靴は出迎えの人とは反対側の玄関の端に移動させます。玄関の中央はいつも開けておいて、出入りのじゃまにならないようにすることが大切です。

訪問先に嫌いな犬猫がいたら正直に言う

訪ねていった家にいる犬や猫、好きな人にとっては何も問題ありませんが、嫌いな人にとっては、飛びつかれたり、すり寄ってきたり、なめられたりするのはたまらなくイヤなことでしょう。犬や猫が嫌いなのは、動物の毛にアレルギー反応を起こしてしまうからという人もいます。

訪ねた家に犬や猫が飼われているのがわかったら、苦手なことは正直に伝えてもかまいません。

迎える側も、はじめて訪ねて来た人には「犬や猫は大丈夫ですか?」と聞くのが配慮です。

あらかじめ嫌いなことがわかっていたら、部屋がペットの毛で汚れていないかをチェックし、ペットの匂いを消したり、別の部屋に隔離してお迎えするようにします。

靴の向きを直してからスリッパを履く

お宅におじゃまをすると、玄関にスリッパが置かれています。

靴を脱いでそのスリッパを履いてから、自分の靴の向きを直している方がいますが、それは間違い。スリッパを履くのは、自分の靴の向きを直し終わってからです。

帰るときは、スリッパを脱いでそのまま靴を履いてから、スリッパを持って玄関の端に移動させます。

脱いだスリッパをスリッパ立てや棚に戻したり、重ねて置くのは気をきかせすぎ。お客様がする必要はありません。

素足では訪問しない

個人のお宅を訪問するときや儀式に出席するとき、素足であがってはいけません。足袋や靴下、ストッキングは必ず着用します。足の汚れを、室内に持ち込まないようにするためです。

素足で訪問するということは、ノーメイクで人と会うのと同じことで、訪問先には失礼なことです。

夏、浴衣で素足に下駄というときにも白い足袋やソックスを持参して、玄関で履くような心くばりが大切です。

すぐにトイレを借りるときはひと言断る

お店に入ってくるなり、席にも座らずに黙ってトイレに駆け込むお客さんがいると、行きつけのお店の主人が怒っていました。「うちは、公衆トイレじゃないんだ！」って。

切羽詰まっている人に、「注文してからにしてください」と意地悪は言えないけれど、それならひと言断ってほしいという主人の言い分、よくわかります。

お客なら、トイレだって自由に使ってかま

わないと思うのは、ちょっと思い上がった態度です。

お店に限らず、個人のお宅でも同じこと。あいさつをする前にトイレに行くというのは、お行儀のよいふるまいとはいえません。

仕方がないことですので、せめて申し訳ないという気持ちを込めて、ひと言断ってから借りるようにしてはいかがですか。

家庭で出された料理に調味料は使わない

レストランのテーブルの上には、塩入れとこしょう入れがセットで置かれていることがよくあります。

料理が出されたとたん、いつものクセでまったく口をつけずにその塩やこしょうをふりかけてしまったら、その料理の味をすべて否定することになります。

香辛料がとても貴重だった時代、わざわざ取り寄せて黄金の器に入れ、テーブルの上に置くことでお客様に歓迎の心を表したといわれています。

今でもテーブルの上に使うことのない塩やこしょうが置かれているのは、その名残。いわば装飾のためなのです。

料金を支払うお客としての立場ならともかく、家庭に招かれるのは最高のおもてなしの場です。そこで出された料理に、塩やこしょうなどの調味料をかけてしまうのは、心を込めてつくってくださった方にとても失礼なふるまいといえます。くれぐれも気をつけましょう。

料理の後片づけは無理に手伝わなくてよい

ごちそうになったとき、帰る前に後片づけのお手伝いを申し出るのがマナー。

しかし、先方から断られても、「そう遠慮なさらずに」とキッチンに勝手に入ってしまうのはいけません。

プライベートな空間を、あまり見られたくないという事情もあるでしょうから、決して無理強いはしないことです。

嫌いなお菓子に手をつけて残すことは失礼

甘いものがとても苦手です。お宅におじゃましたときにお菓子を出されたら、どうすればよいのでしょう。

せっかく出していただいたので手をつけてはみたものの、やっぱり食べられずに残してしまったというより、嫌いなものは、はじめから手をつけないままのほうが失礼ではありません。

ただ、黙って手をつけないというのはいけませんね。「せっかくなのですが」と前置きして、「たった今、食事をすませてきたばかりで」「今、甘いものにドクターストップがかかっていまして」とあたりさわりのない理由を伝えたほうがよいでしょう。

食べ残すというもったいないことにならないように、おもてなしをする側はあらかじめ好き嫌いがないかを聞いておいたほうがよいかもしれません。

泊まることをすすめられても遠慮する

楽しい時間を過ごしていて、気がついたら最終電車の時間がすぎてしまいました。

タクシーで帰るには遠いことを気づかって「今日は泊まっていってください」とすすめられても、まずは遠慮のひと言を。

泊めていただくことは、入浴や寝具の用意とその後始末、翌朝の食事の準備など、いろいろ面倒をかけてしまうものです。すすめられて、即座に好意に甘えられるようなことではないからです。

といって、かたくなに固辞し続けて、せっかくの好意を無にしてしまうのもいかがかと思います。

泊めてもらうと決めたら、食事の後片づけや布団の上げ下げなど、相手の負担を少しでも軽くする配慮は忘れずに。

しかし、気をきかしたつもりで翌朝早起きしてキッチンに立つのはやめたほうがよいでしょう。家の人の誰かが声をかけてくれるまで、部屋から出ないでいるのが節度のあるふるまいです。

雨の日には、ハンドタオルと靴下を持参する

雨の日に訪問したとき、傘やレインコートのしずくは玄関先（入口前）でしっかり落とします。傘は傘立てか、ない場合は玄関の外に置きます。レインコートはタオルでふいて、濡れたほうを内側にしてたたみ、玄関の

じゃまにならないところに置きます。

バッグやコート、スラックスの裾やストッキングのしずくは、ハンドタオルでふきます。足もとをふくときは、からだを曲げずに、必ずしゃがむようにします。

激しい雨のときは、靴下までビチャビチャに濡れてしまうことがよくあります。もちろん、濡れた靴下のままであがることは許されませんが、靴下を脱いで素足でというのも禁止です。

雨の日に外出するときは、あらかじめハンドタオルと新しい靴下をカバンの中に入れておけば安心です。

雨の日にお客様を迎える側も、玄関先にタオルを用意しておくのが心づかいというものです。

おもてなしをする

ふすま（障子）は座って開け閉めする

おてんば娘というとお盆を手に持ったままふすまを足で開けている姿をイメージしますが、和室での動作は座って行うのが基本。

和室での人間関係は、目の高さではかるので、立ったままでは座っている人を見下ろすことになってしまうからです。

座ってふすまを開け閉めする作法を覚えておきましょう（引き手が左側にある場合）。
①引き手に手をかける前に、開けるふすまの真ん中に正座して「失礼します」と声をかけ、会釈をします。

②左手は太ももの上に置いたまま、右手をふすまの引き手に手をかけて少し開けます。その右手をふすまの枠にそって下に移し、からだの真ん中のあたりまで開けます。

③左手に替えて、からだがスムーズに入れるところまでふすまをさらに開けます。

④会釈をして、両手を床についてからだを支えながらひざで進むように部屋に入ります。

⑤部屋に入ったら、ふすまのそばに座り、左手でふすまの枠を持ってからだの真ん中まで引きます。右手に持ちかえてさらに手の幅になるまで引き、最後に右手を引き手にかけて残りを閉めます。

部屋に入るとき、間違っても敷居の上に止まってあいさつをしてはいけません。敷居は、柱と柱を結ぶ大切なところなのです。

ふすま（障子）は座って開け閉めする

不意の来客には玄関先で応対してもよい

気軽にわが家を訪ねて来てくださるのは、とてもありがたいことです。それだけに、おもてなしはおろそかにできません。

しかし、不意のお客様に対しては、十分な準備もできていませんし、家庭の事情というものもあります。

「今、近くにいるんですけど」といった連絡があったときは、取り急ぎ、玄関、客間、トイレを見苦しくない程度に整え、あがっていただくときは「散らかっておりますが」とひと言添えます。

お客様が「ここで失礼します」と言ったら無理に家にあげないで、「ゆっくり時間が取れなくて申し訳ありません」と断り、玄関先で応対しても失礼ではありません。

やはり、訪問前のアポイントメントは欠かせませんね。

脱いだ履物はお客様の目の前で直さない

昔は、お客様が帰るまで脱いだ履物はそのままにしておいて、帰り間際に先回りして、名残惜しそうにその家の人が向きを直すものだったようです。

脱いだ履物の向きを自分で直すのは、「この家は物騒だから、すぐ逃げられるように」と言っているようなもので、してはいけないことだったからです。

しかし、今は違いますね。家の人をわずら

わせず、自分の履物は自分で向きを直すのが常識です。

もし、お客様が履物の向きを直さなかったとき、お客様の目の前で直すのはやめましょう。「できれば早くお帰りください」ということを暗に示すことにもなりかねないからです。

お客様を部屋に案内してから、お茶菓子を用意するためにいったん下がったときに玄関に寄って直すとよいでしょう。

お客様に手のかかりすぎる料理は用意しない

お客様をきちんとおもてなししたいという気持ちはとても大切なことです。

しかし、そうした思いが募って手のかかる料理ばかり用意したのでは、ずっとキッチンにこもりっぱなし。ゆっくりお話がしたかったのにというお客様にはかえって失礼になります。

事前に下ごしらえをすませてあとは調理をするだけ、何品かはつくりおくなどして、お客様のもとを離れる時間はできるだけ少なくするようにしましょう。

店屋《てんや》物《もの》を出すときは手料理を一品加える

突然のお客様や、何らかの事情でお食事の準備ができないときは、店屋物ですませることは失礼にはあたりません。

しかし、店屋物だけを出すのではなく、そこに手料理を一品加えてはいかがですか。

たとえば、お寿司やうな重を頼んだらお吸い物や香のものを、ピザなど洋食を頼んだらサラダを添えるといったように。時間がないといっても、そのくらいの手間はかけられるでしょう。

また、出前されてきたままではなく、自宅にある器に移し替え、来客用の箸と箸置きを添えてお出しすれば、おもてなしの心はきちんと伝わるはずです。

おもてなしの花は顔が隠れない高さに飾る

お客様をお迎えするとき、テーブルの上に花を飾ってはいかがでしょう。ベランダや庭に咲いているフレッシュな花を摘み取って飾れば、わずか一輪《いちりん》でも、お客様のためにわざわざいけたという心づかいが感じられます。

テーブルのセンターに置いたとき、相手の顔が隠れない高さに飾ります。ひじをテーブルについて腕を立て、軽く握った指先より花の位置が低ければOK。お客様に花の裏を見せないように向きにも注意します。

香りがきつかったり、花びらが落ちやすい花は避けたほうがよいですね。

テーブルの花は、相手の顔が隠れない高さに飾る

お客様には一番風呂をすすめる

沸かしたて、まだ誰も入っていない「新湯《さらゆ》（さら湯、更湯）」のお風呂に入るのが一番風呂です。

一番風呂は、とくにお年寄りの健康にはよくないといわれてきました。

冬場、寒い更衣室で服を脱ぎ、まだ十分に暖まっていない浴室に入って熱いお湯をかけるという温度差が、からだに負担をかけます。

また、からだの中のナトリウムやイオンがお湯に溶け出し、水道水の塩素が刺激して肌がピリピリします。

誰かが入るだけで、このような心配はなくなりますが、前の人の分泌物が溶けているお湯に入ってくださいとおすすめすることにはためらいがあります。やはり、一番風呂は気持ちがよいものです。

あらかじめ更衣室や浴室の温度差をなくし、炭酸ガス系の入浴剤を入れて塩素を減らすなど、万全の準備をした上で、お客様には一番風呂をおすすめしましょう。

ちなみに、高齢者の入浴事故がもっとも少ない時間帯は、午後3時から6時にかけての夕食前だそうです。

客布団は「北枕」にならないように敷く

亡くなった人を、敷き布団1枚、その上に掛け布団を逆さに1枚かけ、北を枕にして安置する北枕という仏式のしきたりがあります。

お釈迦様が入滅《にゅうめつ》したとき、頭を北にし、顔を西に向け、右脇を下にした姿だったという「頭《ず》北面西右脇臥《ほくめんさいうきょうが》」の故事に由来し、北枕で寝ることは不吉なことにつながるといわれてきました。

今では、枕の方角を気にする人も少なく、北枕という言葉すら知らない人もいるようですが、皆無ではありません。お客様の布団を敷くときは、注意しましょう。

お客様が帰り支度中には立ちあがらない

「そろそろおいとましますす」と帰り支度を始めたところ、家の人が先に立ちあがってジッと待っていられたら、どう思いますか。せかされているようで、急いで支度をしなければ申し訳ないという気持ちになるのは当然です。

また、「どうぞ、こちらへ」と席をすすめておいて、お客様より先に座ってしまうのも配慮を欠いたふるまいです。

座るときも立つときも、お客様よりタイミングを少し遅らせるように心がけましょう。

3章　相手に失礼にならない、日常のふるまい

ビジネスにおいて

上司の携帯番号を取引先に勝手に教えてはいけない

上司あてに電話が入りましたが、あいにく外出中。緊急の用件があるとどんなに強く言われても、上司の携帯番号や出張先を、相手に勝手に教えてはいけません。

電話を受けた人はいったん上司に連絡をして、急ぎの電話が入ったことを伝えて指示をあおぎます。できれば上司から、電話をかけてきた相手に直接連絡を取ってもらうのがベストでしょう。

急ぎの用件でなければ、上司は外出しているがどうしたらよいか、相手の意向をうかがうようにします。電話をいただきたいと言われたら、そのむねを上司に伝えます。

電話が途中で切れたらかけたほうがかけ直す

電話をかけて、指名した人に取り次いでもらう途中で電話が切れてしまったときは、どうしたらよいでしょう。

自分のミスのときはもちろんですが、相手の操作ミスなどで電話が切れてしまったときも、基本的には、用件があって電話をかけたほうがかけ直します。

かけ直して相手が出たら、「電話が切れてしまったようで申し訳ありません」とひと言お詫《わ》びをすると、きっと好感をもたれるでしょう。

電話はかけたほうが先に切る

用事があって電話をしてきているのですから、かけたほうが先に切るのが基本といえるでしょう。

しかし、相手が目上の人や大切なお客様の場合には、相手が電話を切るのを待ってからゆっくり切ったほうが、相手を立てることにつながります。

伝えたいことを一方的に伝えてさっさと切ってしまうといった失礼を防ぐためにも、「用件は以上です。ありがとうございました」と話を終えたら、二つ数えるくらいのタイミングで受話器を置くクセをつけるのはとてもよいことですね。

会議中、携帯電話に出ないのが基本

会議中や打ち合わせ中は、携帯電話の電源は切るかマナーモードにしておき、電話に出ないというのが基本中の基本です。

しかし、今ではビジネスツールとして欠かせない携帯電話ですから、緊急時に連絡がつかないというのでは、仕事に支障が生じかねません。

会議中に間違いなく電話がかかってくることがわかっていたら、「緊急の連絡が入るかもしれませんので、その際は失礼いたします」と同席する人にあらかじめ断っておくとよいでしょう。

予定外の緊急電話がかかってきたときは、

すばやく電話に出て、出席者にひと言謝って席をはずします。会議を中断させてしまうわけですから、用件は簡潔にすませて急いで席に戻ります。会議をしている席で話をするのは厳禁です。

便利なことに携帯電話の画面には発信者が表示されますし、着信履歴も残ります。かかってきたとき、画面を見て差し支えない相手でしたら、会議が終わってからかけ直すことをおすすめします。

受け取った名刺は腰より下に下げない

名刺は小さな紙片ですが、身分証明書でもあり、会社の信用を背負って相手に渡すものです。大きなビジネスに発展するかどうかは好感がもてるやりとりにかかっているといっても過言ではありません。

こちらから渡す名刺は、お辞儀をするときは腰より下の位置になってもかまいませんが、交換するときは胸の高さに持ちます。

受け取った名刺は、手に持ったまま腰の位置より下げずに、いつも胸の高さをキープしましょう。

名刺を忘れても切らしていることにする

うっかり名刺入れを忘れてしまい、相手に渡すことができません。名刺の交換という重要なセレモニーができなければ、ビジネスの第一歩は踏み出せず、「だらしのない人」という印象を相手に与えてしまいます。

いずれにしても相手に名刺を渡すことはできませんので、あれこれ言い訳をしないで、「ちょうど名刺を切らしておりまして、申し訳ありません」と素直に詫びましょう。

実際は忘れたとしても、名刺を切らしていることにしたほうが相手の受ける印象は少し違うかもしれません。嘘も方便です。

お客様を長く待たせるときかわってお相手

上司との約束があるというお客様が訪ねてきました。ところが、上司の帰社がかなり遅れているようです。

応接室にお通ししたお客様には、お詫びとともに事情をきちんと説明して、上司があとどのくらいの時間で帰社できるかを伝えて判断をあおぎます。

上司が会社に戻るまで待っていただけることになったら、上司にかわって応対します。お茶を出したり、雑誌や新聞を届けたり、話し相手になってお客様の気分をやわらげ、退屈させないように配慮します。

長い時間、お客様を一人のままにしておくことはとても失礼です。

接客中、社員にも来客用の茶碗でお茶を出す

会社に商談のために来客がありました。会議室にお通ししてお茶を出すとき、お客様には来客用の茶碗を使い、社員にはふだん使い慣れているマイ・カップを使うケースがよく見受けられます。

しかし、商談というオフィシャルな席で、プライベートな持ちものを使うのは好ましいことではありません。社員にも、来客用の茶碗で出してもまったく問題はありません。

ちなみに、家庭でおもてなしをするとき、お客様は白木の箸、自分たちはふだん使っている箸を使うというのは、ふだん着で接するのと変わらず失礼なことといわれます。

接客中にマイ・カップを使うのは、それと同じことです。

会議を切りあげたいときは サインを送る

予定が詰まっているのに、会議が長引いてしまいました。肝心なことはすでに結論が出ていて、そろそろ次の場所へ移動しなくてはいけません。さて、どのようにきっかけをつくったらよいでしょう。

「では、今日はこれで」と唐突に切り出すより、サインを送って相手に気づかせるようにしたほうが、相手の心証を害さないかもしれません。

広げてある書類を整理したり、受け取った名刺を名刺入れに収めるなど、さりげなく帰り支度を始めるのも一つ。「ところで」「そういえば」と話題を変えて雑談を始めるのも、会議を終わらせたいことを印象づけます。

また、個人のお宅を訪問したときと同じように、お茶の淹《い》れかえどき、会話が途絶えたとき、相手に電話がかかってきたときをきっかけにすれば、「では、今日はこれで失礼いたします」と言い出しやすくなります。

はじめての商談では最初から資料を広げない

商談のために、はじめての会社を訪れました。担当者が来るまで会議室でどのようにして待っているのが適切でしょうか。

資料を用意して待つのは、商談への意欲を相手に示すように思われますが、この場合、担当者とは初対面であるというのがポイントになります。

資料を広げたその場所で必ずしも商談をするとは限りませんし、もし「別の場所で」と言われたら、あわてて資料を片づけなくてはいけません。

また、商談の成り行きによっては、はじめからこちらの手の内を見せないほうがよかったということにもなりかねません。

資料は、いつでもすぐに取り出せるようにしておいて、必要になった時点で相手に渡すのがベストです。

といって、何もしないでただボーッと待っているのも能がありませんね。初対面の方とは商談を始める前に名刺交換をすることは間違いありませんから、名刺入れだけをテーブルの上に用意して担当者が来るのを待つとよいでしょう。

ただし、このように相手が初対面でなければ、タイム・イズ・マネーのビジネスの世界です。資料や筆記用具をテーブルの上に出しておいて、相手が来たらすぐに商談を始められるようにして待つのがふさわしい態度といえるでしょう。

外出先にて

正座のときも背筋をピンと伸ばす

男性は、両ひざのあいだをこぶし一つから二つ分開けて座ります。両手は軽く握るか、指先をそろえてハの字にして太ももの真ん中に置きます。ひじは張りすぎないように。

女性は、ひざをしっかりと閉じます。両手は、指先をそろえてハの字にするか重ねて太ももの真ん中に置きます。

正座のときは、男性女性とも太ももに重心が置かれ、猫背になりがちです。頭が糸で上に引っ張られる感じで、背筋をピンと伸ばしましょう。

足がしびれたら両足をつま先立ちにする

長い間正座をしているときなどに、下肢《かし》の神経や血管が圧迫され、感覚神経が一時的に麻痺《まひ》してしまうのが足のしびれです。

足の裏をハの字にして、親指どうしを重ねて座るとしびれにくいといわれますが、そうとも言い切れません。お尻とかかとのあいだに紙1枚を入れた感じで正座をすると、わりとしびれません。

もししびれてしまったら、両ひざを床につけたまま腰を浮かせ、両足のつま先を立てて、かかとの上にお尻をのせるようにすると早く取れるでしょう。ひざまずくこの座り方を「跪座《きざ》」といいます。

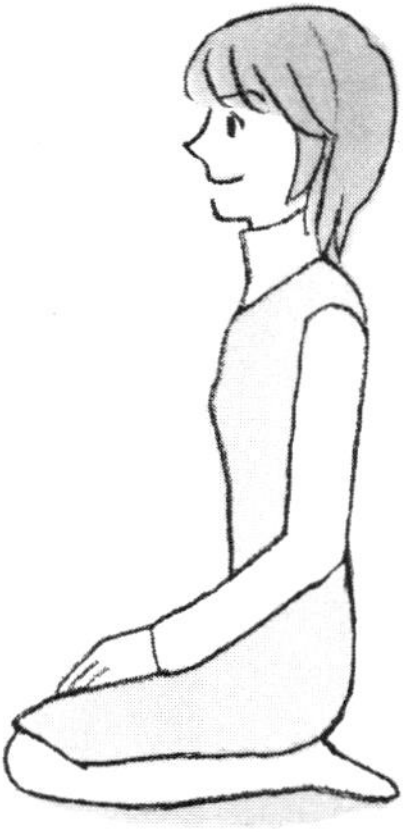

正座のときは、頭が糸で上に引っ張られる感じで背筋をピンと伸ばす

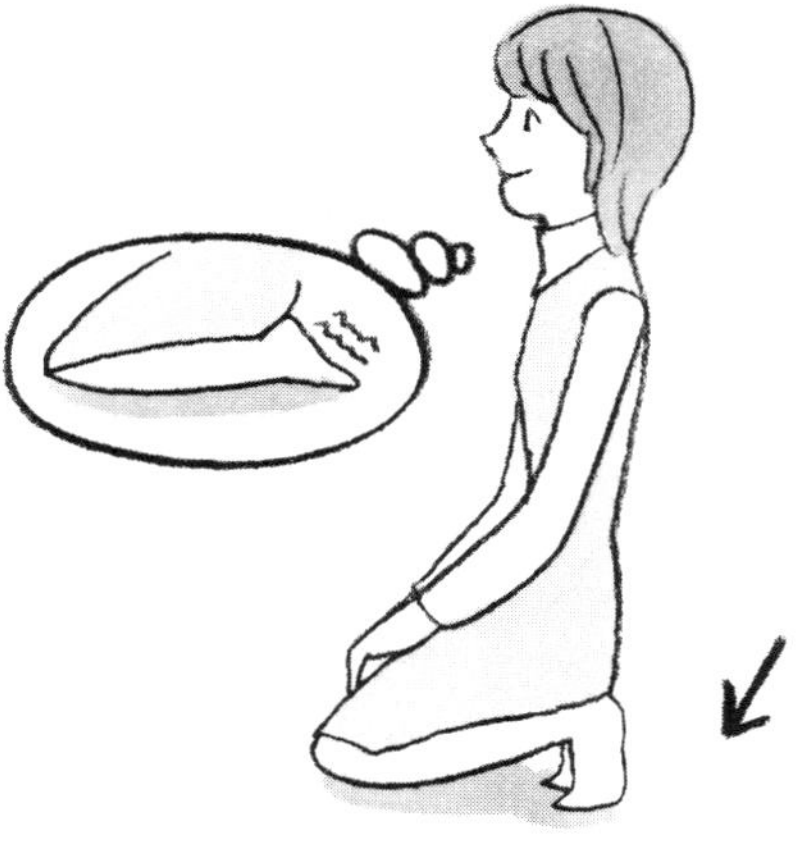

足がしびれたら腰を浮かせ、両足のつま先を立ててかかとの上にお尻をのせる

床に座るときは、片ひざから下ろす

和室での美しいふるまい、ポイントの一つが床（畳）への座り方です。両ひざをドカッと下ろす、これはいけませんね。

①両手のひらを両足の太ももに置き、右足（左右どちらかに人がいたら、その人に近い足）を半足後ろに引きます。

②右ひざを静かに下ろして床につけたら、左ひざを床につけます。このときはまだ両足ともつま先立ちです。

③両ひざをそろえて正座をします。

反対に、立ちあがるときは、

①両手のひらを両足の太ももに置いたまま腰を浮かせます。

②両足ともつま先だちになり、お尻をかかとの上にのせます。右足を前にずらして少し立て気味にします（右側に人がいたら、左足から立ちます）。

③ひざを伸ばして立ちあがります。

和室では、立つも座るも片ひざからです。

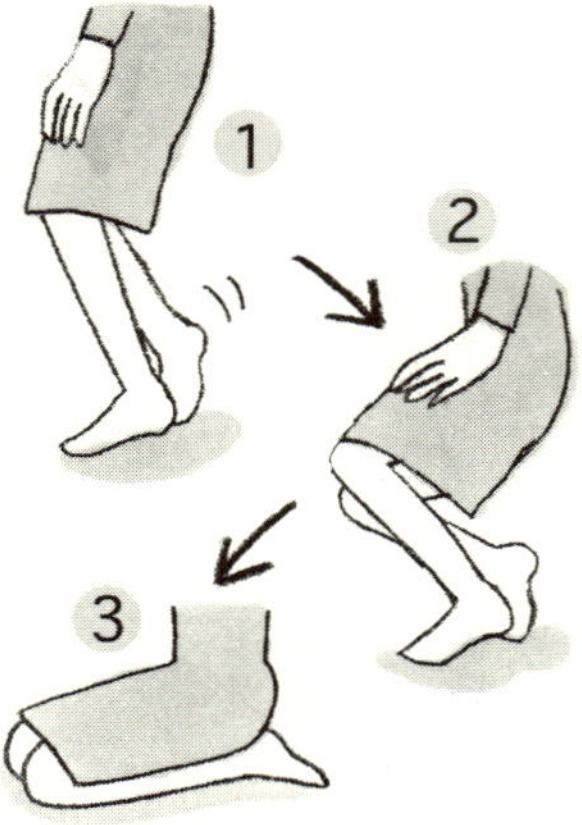

床に座るときは片ひざから。両ひざをドカッと下ろすのはＮＧ

椅子に座るとき足の運びはワルツの感覚で

レストランなどの公共の場で、椅子に座るときはいつもスマートに。

椅子をしっかり引いてその左側に立ち、

①左足を1歩前に出す
②右足を左足の近くを通って椅子の前に運ぶ
③左足を右足の横に運んで両足をそろえる

のワルツの感覚で足を運びます。

続いて、太ももの後ろが椅子にあたったところで、太ももにやや力を入れて腰を下げ、息を吸いながらゆっくりお尻を下ろします。

反対に立つときも、三拍子で。椅子をしっかり引いて椅子の前に立ちあがり、

①左足を左真横に1歩出す
②右足を左足の近くを通って椅子の横に運ぶ
③左足を右足の横に運んで両足をそろえる

この三拍子の動きがスムーズにできれば、もたもたしている印象がなくなります。

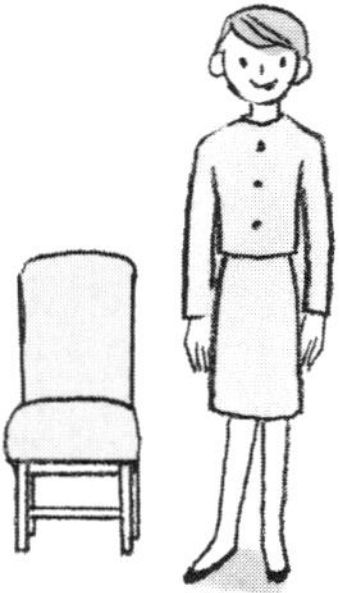

椅子の左側に立ち、左足を1歩前に出す

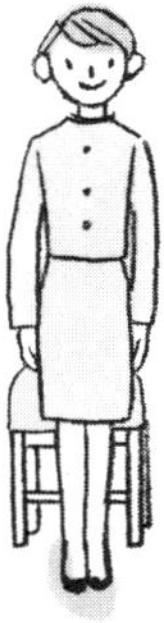

右足を左足の近くを通って椅子の前に運び、両足をそろえる

太ももにやや力を入れてお尻を下ろす

椅子の背もたれには寄りかからない

スマートな座り方をしても、座ってから美しい姿勢を保たなければすべて台無しです。

男性は、両ひざとつま先の幅をこぶし二つ分あけます。両手は軽く握るか指先をそろえてハの字にして太ももの真ん中に置きます。

女性は、両ひざ、つま先、かかとをしっかり合わせます。そのままかかとを1㎝ほどあげると、ひざが開きにくいでしょう。両手は、親指をクロスさせて少し丸めるようにして重ね、両ひざ頭の真ん中に置きます。

日本では昔、利き手である右手の上に左手を重ねることで、「あなたを攻めるつもりはありません」という態度を示したようです。

背筋はまっすぐに伸ばし、食事のときは深く、それ以外のときは握りこぶし一つ分浅く腰かけます。椅子の背もたれには寄りかからないようにしましょう。

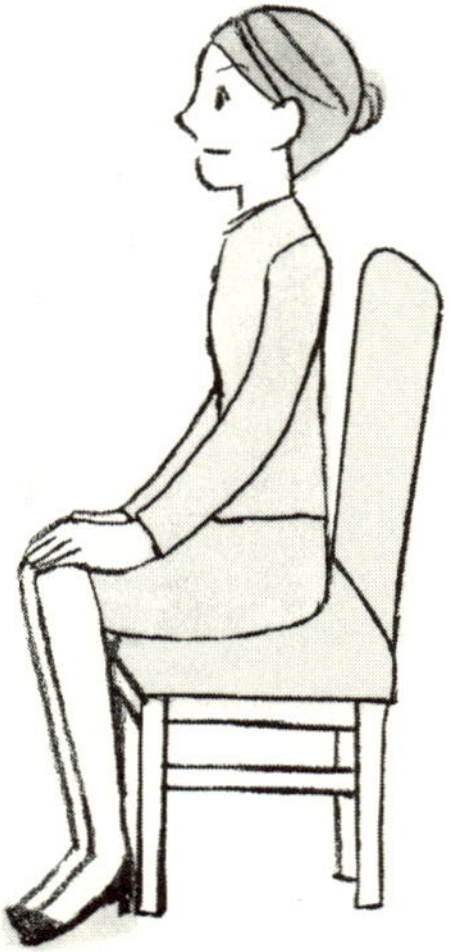

男性は、両ひざとつま先の幅をこぶし二つ分あける。女性は、両ひざ、つま先、かかとをしっかり合わせる。背筋はまっすぐに伸ばし、背もたれには寄りかからないようにする

男性はいつも両手をテーブルの上に置く

男性の場合、椅子に座ったら両手を太ももの真ん中に置くのが美しい座り方ですが、前にテーブルがあったら話は別です。

欧米では、食事をしていないときも、テーブルのカトラリー（ナイフやフォーク）が並べられている外側に両手をのせておくのが正式といわれています。

「テーブルの下で、隣にいる女性の手は握ってはいませんよ」「テーブルの下に、武器を隠し持ってはいませんよ」ということを表すためなのだそうです。

両手は軽く握り、手首から先をテーブルの手前端に自然なかたちでのせるようにします。決してひじをついてはいけません。もちろん食事の席に限らず、会議や打ち合わせのときも同じです。

お辞儀は、腰から曲げるのが美しい

立ってするお辞儀を立礼《りつれい》、座ってするお辞儀を座礼《ざれい》といいます。お辞儀を美しく見せるコツを覚えておくとよいでしょう。

①腰から曲げることを意識します。首だけ下げたり前に出すのはおざなりな印象です。

②座礼のときは、手を先につこうとしないこと。上体を腰から曲げるにつれて自然と手が畳につくようにします。

③椅子に座っていたら必ず立ちあがります。

④お辞儀をする前とした後には、必ず相手の

目を見ます。

⑤お辞儀は1回だけ。何回もするのはせわしなく、心がこもっていない証拠です。

⑥お辞儀をしながらあいさつをすると、表情や言葉が相手に伝わりません。あいさつの言葉が終わってから、上体を曲げます。

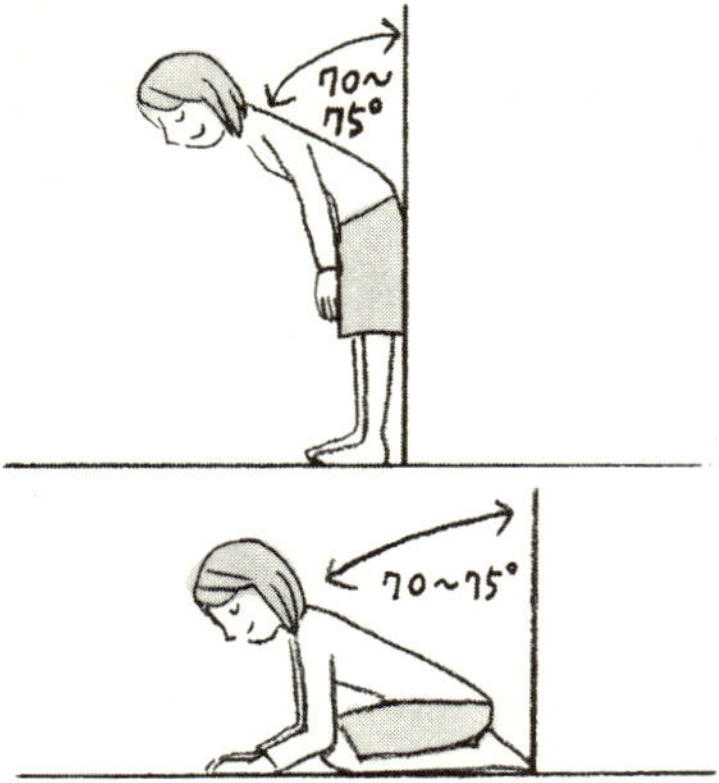

お辞儀は、腰から曲げることを意識する

会話中はできるだけ全身を相手に向ける

人の話は、全身全霊で聞くものといわれています。顔だけ相手のほうに向けるのはとてもおざなりで、真剣に聞こうという態度ではありません。会話中は、できるだけ全身を相手に向けるようにしましょう。

突然呼びとめられたときも、顔だけでなく全身か上半身を相手に向けるようにします。

ものを拾うときは、かがまずにしゃがむ

落としたものを拾うときも、美しいしぐさを心がけたいものです。前かがみになって人様にお尻を向けてはいけません。

落としものに近いほうの足を半足後ろに引くのがポイント。背筋を伸ばし、ひざを閉じたまま腰を落とし、手を伸ばして拾います。

腰を落としすぎたり、ひざが開くと、だらしなくしゃがんだ姿になるので注意します。

前かがみにならず、背筋を伸ばしてしゃがんで拾う

人差し指1本で人やものを指し示さない

人差し指という名前は、文字通り人を指差すときに使われることに由来していますが、面と向かった相手から指１本で指されたら、問いつめられているようで、あまりよい気持ちはしません。

国によっては、挑発行為や呪《のろ》いを意味することもあるそうで、礼を欠いたしぐさです。

１本の指で人やものを指し示すのはＮＧ

もし、人やものを指し示したいときは、1本の指ではなく、すべての指先をそろえて伸ばし、手のひらを上に向けて示したい方向に向けます。手のひらを横に向けてしまうと、切るしぐさになりますので、必ず上に向けます。この動作のとき、指先はひじより上にあげないほうがエレガントです。

もちろん、ペンや箸など、手に持っているもので指し示すことも禁止です。

人前では足組みや腕組みをしない

そもそも椅子に座って足を組むのは、「すぐには立ちあがれないので、あなたに危害を加えません」という意味があるそうです。

しかし日本では、モデルや役者さんならともかく、スマートに足を組んでいる姿、失礼ですがあまり見かけたことがありません。

「足を組むとふくらはぎが太く見え、足の細さに自信がない人はやらないほうがよい。好ましいのは足首だけをクロスさせること」

欧米の礼儀作法の本にもこう書かれていると聞いています。体型の違う日本人がスマートに見えないのは無理もないことかもしれません。むしろ日本では、足を組んで座ると偉そうで生意気な人に見られがち。とくにビジネスのときなど、場をわきまえましょう。

また、腕を前や後ろで組むのも控えます。そうすると肩幅が広がって、相手を威圧したり拒絶する感じになるからです。人前では背筋を伸ばして両手は重ねるようにしたほうが、謙虚で奥ゆかしい印象を与えます。

お互い斜めに向き合って座ると目線がラク

テーブルをはさんでどのように座っているかで、その男女の親密度がわかるというお話を聞いたことがあります。

斜めの位置で向き合っているのは初対面か知り合ってまだ間もない仲、真正面に向き合うのはケンカの最中、直角に座るのは仲良し、並んで座るのはごく親密な仲なのだそうです。

しかし、男女のカップルならともかく、そうでないときは、お互いどのような位置で座るのが居心地がよいでしょうか。

テーブルの大きさや椅子の配置によって違いますが、私は斜めの位置か角越しに座ることをおすすめします。そのほうが真正面に座るより圧迫感がなく、視界が通って疲れないと思いますが、いかがでしょう。

お互い真正面に向き合って座らなければ失礼、ということはありません。

人と話をするとき相手を見つめない

話をするとき、相手の目をまったく見ないと、「この人、話をきちんと聞いていない。好意をもっていない」という印象を与えます。

反対に、相手を食い入るようにジッと見つめたままですと、相手に威圧感を与え、疲れさせてしまいます。心理学の研究でも、相手の目を10秒以上見つめると敵対的な雰囲気が生まれるのだそうです。

恋人どうしならともかく、二人で話をするときは、アイコンタクト（相手の目を見ること）と目をそらすことの割合は、おおよそ3対7にするとバランスがよいでしょう。3秒見つめたら7秒そらす、というわけです。

相手からそらした目線は、相手の額と肩のあいだをゆっくり動かしながら見るようにします。この範囲からはずれてキョロキョロすると、「この人は上の空。私の話を全然聞いていない」と思われても仕方がありません。

話すときに見るのは相手の額と肩のあいだ

さした傘はすれ違う人の反対側に傾ける

雨の日、お互いの傘と傘とがぶつかって水滴が飛びはねないように、相手の反対側に傘を少し傾けてすれ違うのが「傘傾げ《かさかし》」。

今あらためて見直されている「江戸しぐさ」の中の「往来しぐさ」の一つ。思いやりと譲りあいの精神が込められています。

すれ違うときは相手の反対側に傘を少し傾ける

狭い道ですれ違うとき相手側の肩を引く

「傘傾げ」と同じ江戸の「往来しぐさ」に、「肩引き」があります。

狭い道や混んでいる道ですれ違うとき、お互いが肩を引いてぶつからないようにするしぐさのこと。昔は、胸と胸を合わせることによって、敵意がないことを示したともいわれています。

おしゃべりに夢中、携帯電話を片手にわがもの顔で堂々と道を歩き、ぶつかっても「ごめんなさい」のひと言もなし。そうした人が増えてしまったら、外出も楽しくありませんん。「肩引き」はちょっとしたしぐさですが、大きな意味があります。

たたんだ傘はまっすぐ下に向けて持つ

駅の階段を上っているとき、数段前を歩いている人の傘の先が、目の前に迫ってきたことが何度もあります。その人、無意識のうちに、傘を斜めに持って腕を振って歩いていたのです。

傘はたたんだらしずくを落とし、きちんとまとめます。できるだけ自分のからだに引き寄せて、前後左右、からだの幅からはみ出ないようにして、まっすぐ下に向けて持ちます。市販の傘カバー（1500円ほど）に入れるとよりスマートです。

傘は、杖でもバトン・トワリングのバトンでもありません。ときには凶器になります。

迷惑をかけない 上着の着方（脱ぎ方）をする

上着やコートを振りまわすように着たり、バタバタさせながら脱ぐのは、まわりの方に迷惑ですね。スマートな着方、脱ぎ方を覚えておくとよいでしょう。

着るときは、まず上着の前面を手前に向けて両手で持ちます。左手を左の袖に通して上着を左肩にかけたら、右手を後ろにまわして右袖に通します。最後に襟もとを整えます。

脱ぐときはまず、右手で上着の右襟、左手で左襟を肩からはずします。両手を後ろ手にして、右手で左の袖口を持って左手をはずします。その左手で両方の袖口を持って右手を抜きます。

脱ぐときは襟を肩からはずしてから、両手を後ろ手にして袖を抜く

着るときは、上着の前面を手前に向けて両手で持ち、左手、右手の順に袖を通す

さらに、脱いだ上着やコートは、きれいにたたんでから椅子の背や腕にかけるか床に置きましょう。

腕にかけるときは襟が外側を向くように、椅子にかけるときも襟をつぶさないために、襟が椅子の外側になるようにします。

人の前を横切るとき手刀《てがたな》はいらない

大相撲のテレビ中継を見ていると、力士が土俵下で親方の前を通るとき、指をそろえて手を刀のように前に突き出していることに気づいた人もいるでしょう。

私たちも、人前を横切るときに同じ動作をすることがあります。これを「手刀を切る」といいます。

個人差がありますが、人には誰でも侵されたくないテリトリー（縄張り）があります。すぐ前を横切るということは、テリトリーを侵すことになりますので、この手刀でそこの空気を一時的に切ることをお許しくださいという意味が込められています。

しかし、無言で手刀を切るよりも、ひと言「前を失礼します」と断ったほうが、人前を横切るしぐさとしてはスマートです。とくに女性が手刀を切るというのは、おすすめできません。

優先席でなくても席は譲る

電車のどの車両にもバスにも、必ず優先席が設けられています。

わざわざシートを張り替え、つり革の色を変え、「携帯電話の電源は切り、お年寄りやからだの不自由な方に席をお譲りください」といった趣旨の表示がされています。優先席に座って席を譲ろうとしない若い人が多いと非難する声もよく聞かれます。

いつも不思議に思うのは、なぜごく限られた席だけにそのことを求めるのでしょうか。

携帯電話の電源を切ることもマナーモードにすることも、席を譲ることも、場所を選ばず車内のどこでも、のはずです。

すでに優先席を廃止している路線もあり、車内には「すべての席が優先席」と書かれてありました。優先席であろうとなかろうと、電車に乗っても目配りを忘れず、ためらわずに席を譲りましょう。

迷ったら電車を降りるふりをして席を譲る

電車やバスの車内で、この人に席を譲ったほうがよいか、迷ったことはありませんか。「どうぞ」と立ちあがったものの、かたくなに断られることも、「年寄り扱いするな!」と言わんばかりに不機嫌な顔をされることもあり、席を譲るのにも勇気が必要です。

迷ったときは、寝たふりをするのではなく、次の駅で降りるというふりをして、さりげなく席を立てば、お互いがそれほど気をつかわなくてすむでしょう。

席を譲られたときには、譲ってくれた人の気持ちに配慮して「ありがとう」のひと言を。遠慮しないで好意を受け入れましょう。

仲間の分まで行列に並ぶときはひと声かける

おいしいと評判のお店には長蛇の列。前に並んでいる人が少しずつ減ってもうすぐお店に入れるというときに、後から来た人に割り込まれたりしたら、誰だって怒りたくなりますよね。

誰かが代表して先に並び、後でその仲間が合流することはよくあることです。そのときは必ず、「申し訳ありませんが、後から○人来ますので」といったように列の後ろの人に断っておくと、いらぬトラブルにはならないでしょう。

もし順番が来てお店に入るとき、すぐ後ろの人に「お先に」とひと言声をかけるか、無言でも軽く会釈をしてはいかがですか。お互い待たされていたことのイライラもどこへやら、気持ちよく食事をすることができます。

食事に限らず、列に並んだすべてのときにおすすめします。

次に通る人のために開けたドアを押さえる

開けたドアを、次に通る人のために押さえているのは、何か損をした気になることなのでしょうか。ふり返りもせず、ドアを押さえもせずに行ってしまうのは、そうする時間すらないほど急いでいるからなのでしょうか。

すぐ後ろの人の手がドアにふれるまで、それほど時間はかからないはず。押さえていてあげたほうが安全ですし、人の流れもスムーズです。

誰でも、身内に対してはそうするでしょうから、見知らぬ人に対してもできないことではありません。

ただ気になるのは、後ろの人の態度です。前の人がドアを押さえているのをいいことに、ドアにもふれず、お礼も言わず、会釈もせず、平気で通り抜けて先に行ってしまうのは、礼を失した行為。見知らぬ人をドアマンにしてはいけません。

エレベーターに最初に乗ったらボタン係

今ではどの建物も、利用者がボタンを押して操作する自動運転のエレベーターになりました。

とくに混んでいるとき、誰もいないエレベーターに最初に乗った人は、自分の行き先のボタンだけではなく、他の人が乗り切るまで「開」ボタンを押し続けるボタン係をかって出てはいかがでしょうか。

不特定多数の人が利用する中で、誰かがその役を担わないと、ドアにぶつかったりはさまれたりする人が出て、とても危険です。

乗ってきた人に、積極的に「何階ですか？」と聞いてもよいでしょう。

後ろのほうから「○階をお願いします」と言われたら、行き先のボタンを押してあげます。

ボタンの前に立っているのに、何もしようとしない人をけっこう見かけます。限りなくまわりに無頓着《むとんちゃく》な人といわざるを得ません。

相手に背中を見せないように心がける

目の前にいる相手に背中を向けてしまうことは、「あなたに無関心です」ということを示すのと同じことです。

人とお別れするときも、相手が左側にいれば自分は右足から、右側にいれば自分は左足からというように、相手より遠いほうの足から一歩を踏み出す足づかいをするとよいでしょう。

わずか一歩のちょっとした心づかいですが、そうすることをきちんと意識することによって相手を包み込む姿勢になり、「あなたを大切にしています」という気持ちを表現することになります。

旅行先にて

・ホテルに泊まる

飛び込みではチェックインしない

Tシャツにジーンズのラフな服装、荷物も持たずにホテルに飛び込みで「今日、部屋は空いていますか」と尋ねたところ、フロントでは「満室です」との返事。

やむを得ずそのホテルを出て他のホテルを探したが見つからず、もう一度断られたホテルに電話をしたところ「本日、空き室はあります」と予約を受け付けてくれたとのこと。

わずかな時間で急に空き室が出たとも思え

ず、ラフな身なりだったのを理由に断られたのではないかと語っている人がいました。

裸ならともかくラフな身なりというだけで宿泊を断ることはないというのがホテル側の言い分ですが、そういった人がロビーにいたら雰囲気はあまりよくないのは確かです。

おそらく、突然来られても清掃などの都合ですぐに部屋に案内できないといった事情もあったのでしょうし、ホテルとしては電話で予約した人を優先するのが当然のことかもしれません。

ビジネスホテルなどは飛び込みを認めているところも多いようですが、シティホテルでは、飛び込みでの宿泊料金のほうが電話で予約したときより高い場合もあります。

ホテルの目の前からでも、電話1本することは、それほど手間ではないはずです。

到着時刻が遅れるときは必ず電話を

宿泊の予約をしたとき、何時に到着する予定かを必ず聞かれます。お客様を迎える側としては、準備の都合上ごく自然なことではないでしょうか。

ですから、当日その到着時刻に間に合いそうもない場合は早めに連絡を入れましょう。

渋滞で見通しが立たなければ、「今、○○あたりまで来ていますが、渋滞のために遅れます」とだけ伝えれば、あとどのくらいで着くかは、道路事情に詳しい地元（宿）の人が判断してくれるでしょう。

「宿泊約款《やっかん》」では、到着時刻をあらかじめ伝えていないときは午後8時までに到着しないとき、また、伝えてあっても到着予定時刻を2時間すぎて何も連絡がなければ、キャンセルしたとみなされるそうです。

到着時刻より早く着く分には、何も問題はありません。

部屋を変更したいときは すぐに申し出る

チェックインをすませて部屋に案内されたのですが、汚れている、タバコの匂いが気になる、窓からの景色が悪いなどの理由で部屋を換えてほしいと思ったら、我慢することはありません。

クレームをつけるというのではなく、お願いしたいということをフロントに伝えてはいかがですか。満室のときは仕方がありませんが、そうでないときやシーズンオフのときは、応じてくれることが多いようです。

我慢を続けて、せっかくの旅の思い出を台無しにするのはもったいないことです。

部屋を汚したり壊したら すぐ連絡をする

もし、部屋を汚してしまったり、調度品を壊してしまったら、チェックアウトのときではなく、その場ですぐにフロントに連絡を。早めに対応すればきちんと処理できたことも、時間が経ってしまったことで困難になることがよくあるからです。

きちんとお詫びをした上で、解決策をホテル側と相談します。

使ったタオル類はまとめてバスタブへ

宿泊を終えて部屋を出るときは、極力片づけるのがマナーです。ゴミ類は、ゴミ箱へ。

使ったタオル類は、まとめてバスタブの中に入れるか、そのフチにかけておきます。タオルかけに戻してしまうと、どれが使われたのかをチェックしなければならず、清掃する人をわずらわせるだけです。

ベッドの毛布やカバーは、キッチリ元の状態に戻す必要はありませんが、めくれたままでは見苦しいもの。軽く乱れを直す程度でよいでしょう。

浴衣は、軽くたたんで、ベッドの上に置いておきます。

アメニティー用品は持ち帰ってもよい

ホテルのバスルームに置いてある歯ブラシ、石けん、シャンプーやリンス、カミソリなどのアメニティー用品、日本旅館のタオルや手ぬぐいは、持ち帰ってもかまいません。

しかし、タオルやバスタオル、バスローブ、浴衣、スリッパ、便箋《びんせん》、メモ帳、ボールペンなど、部屋にある備品や調度品を、旅の記念と称して持ち帰るのは厳禁です。

日本のホテルではチップは不要

日本のホテルでは、宿泊料金にサービス料が含まれていますので、チップは不要ですが、海外のほとんどのホテルでは常識。チップの相場は、次の通りです。

ホテルの玄関やクルマのドアを開け閉めしてくれるドアマンや、部屋まで荷物を持って案内してくれるベルボーイには1ドル程度。ベッドメイキングや部屋の掃除をしてくれるメイドには1泊1～2ドル程度。

また、ルームサービスは料金の5～10%、レストランでの飲食の場合には10～15%程度になります。

食べ終えたルームサービスは廊下に出す

ホテルでルームサービスを注文すると、ワゴンで運ばれてきます。ワゴンのまま食事をして、食べ終わったらナプキンを上にかけて、廊下へ出しておきます。

ワゴンをすぐにさげてほしいと、わざわざ客室係を部屋に呼ぶ必要はありませんが、食事が終わってワゴンを廊下に出してあることは伝えたほうが親切でしょう。

浴衣やスリッパで部屋から出ない

ホテルの部屋の中ではどんな格好をしてもかまいませんが、温泉地のホテル以外は、ドアを一歩出たら公共の道路と同じです。同じフロアにある自動販売機までちょっと行くだけだからと、浴衣とスリッパ姿で部屋を出るのは厳禁です。

他の宿泊客を不快にさせず、また、ホテルの品格を損ねないふるまいが大切です。

チェックアウトが遅れるときは連絡を

チェックアウトの時間をすぎてしまいそうなときは、必ずフロントに連絡をしてどのくらい遅れそうかを伝えます。

そうしないと、場合によっては超過料金が発生することがあります。

チェックアウトの時間ギリギリですと、他の宿泊客と重なって、フロントはかなり混雑します。あらかじめ電話でチェックアウトしたいと伝えておくと、スムーズに手続きを終えることができるでしょう。

・温泉旅館に泊まる

仲居《なかい》への心付《こころづ》けは気持ち次第で

日本にはチップというシステムはありませんが、旅館では昔から心付けを渡すという習慣があります。

からだの不自由な人や子ども連れで特別にお世話になるようなとき、また部屋を換えてもらうなど無理なお願いをしたときに、お世話になる仲居と呼ばれる客室係に、感謝の気持ちを込めて個別に手渡すものです。

部屋に案内してくれたときに「この部屋の担当です」とあいさつをした人に、その場か夕食時にさりげなく渡すとよいでしょう。

金額は、宿泊料金の1割が目安、1000円から最高級の旅館でも上限3000円までとします。団体の場合は、最高5000円ぐらいをまとめて、仲居の皆さんあてに幹事が代表して、さりげなく低い位置で渡します。

現金をティッシュペーパーに包んだり、むき出しのままで渡すのは厳禁。あらかじめポチ袋を用意するか、懐紙に包みます。懐紙の包み方は、慶事と弔事では違います。心付けは、慶事の包み方にするとよいでしょう。

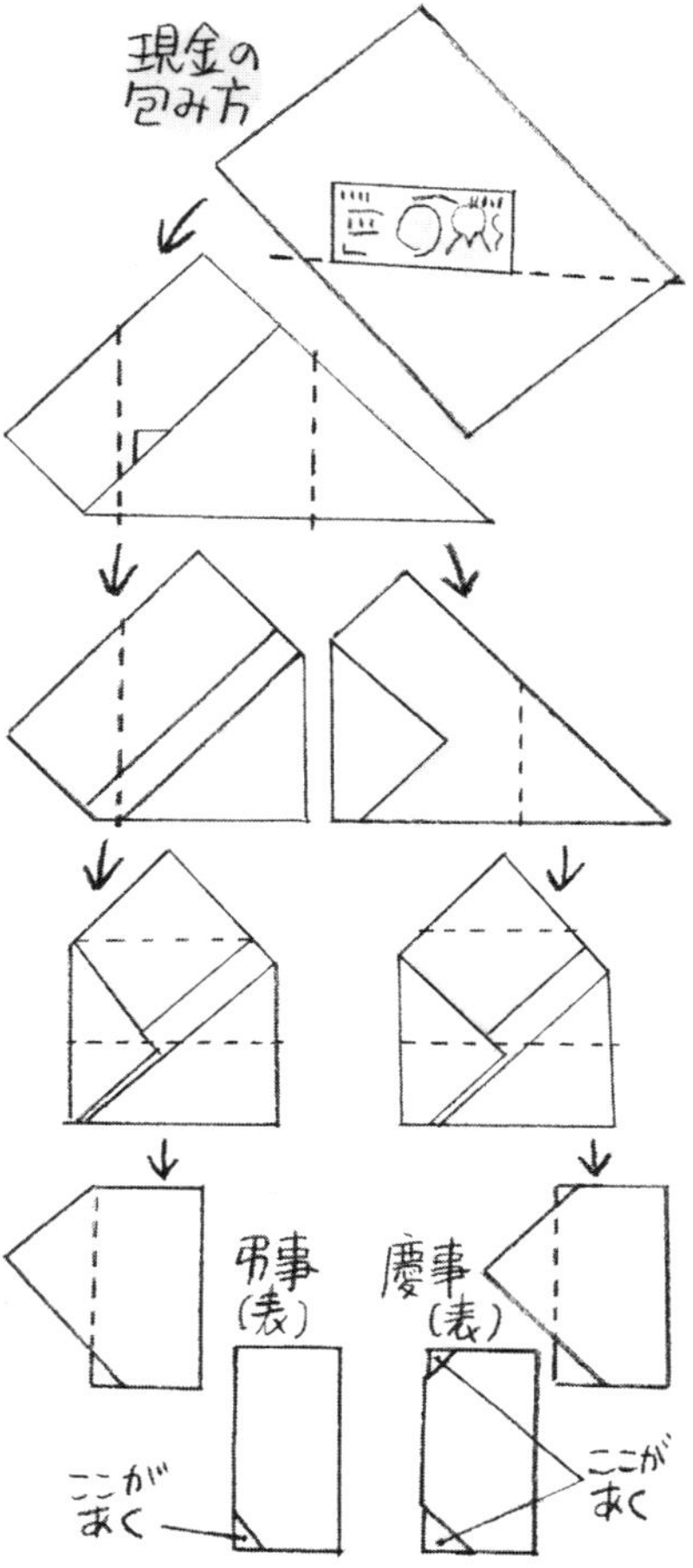

心付けは、慶事の包み方で懐紙に包んで渡す

身のまわりのことは、すべて仲居にまかせる

日々の家事から解放されて、何から何まで他人のお世話になること。とくに女性にとっての「上《あ》げ膳《ぜん》据《す》え膳《ぜん》」は、旅の大きな魅力ではないでしょうか。

たとえば部屋での食事が終わっても、日ごろのクセで食器を重ねたりしないで、食べ散らかしたのを直す程度にしましょう。仲居にとっては片づけの段取りもあるでしょうから、気をきかせたつもりでも、かえって逆効果になってしまうこともあります。

布団の上げ下げも、自分ではしないこと。早く床につきたいときは、仲居を呼んで敷いてもらいます。翌朝は、寝起きのままでは見苦しいので、乱れを軽く整えておく程度でよいでしょう。旅に出たときぐらい、ゆっくりしませんか。

浴衣で部屋を出てもかまわない

ホテルと違って旅館の場合、浴衣、スリッパで部屋を出て館内を歩いたり、大浴場へ行ってもOKです。とくに湯上がりは、浴衣に着がえたほうがくつろげますからね。

しかし、宿泊者以外のお客さんも来るようなレストランに浴衣姿で入るのはちょっと考えものです。その場で判断しましょう。

部屋を出る前に、浴衣のシワが目立たないか、だらしない着方をしていないかをチェックすることはいうまでもありません。

浴衣の着方は「左前《ひだりまえ》」ではない

旅館で出会った女性に、浴衣（着物）の着方をお尋ねしたところ、「左前に着ます」との お答え。びっくりして見ると、正しい着方をしていましたが、左の襟を前（上）に重ねるので左前とおっしゃったのでしょう。

しかし左前は、亡くなった人の着物の着方で、ふだんの着方は右前です。

ちょっとややこしいのですが、左前、右前というのは、着ている本人から見たときではなく、着せる側から見たときの言い方。着せる側から見て左の襟を上に重ねるのが左前、右の襟を上に重ねるのが右前です。

赤ちゃんが生まれたときに着せる産着《うぶぎ》は右前、亡くなった人に着せる経帷子《きょうかたびら》は左前。赤ちゃんも亡くなった人も、自分で着ることができませんので、着せる側から見た言い方になったのです。

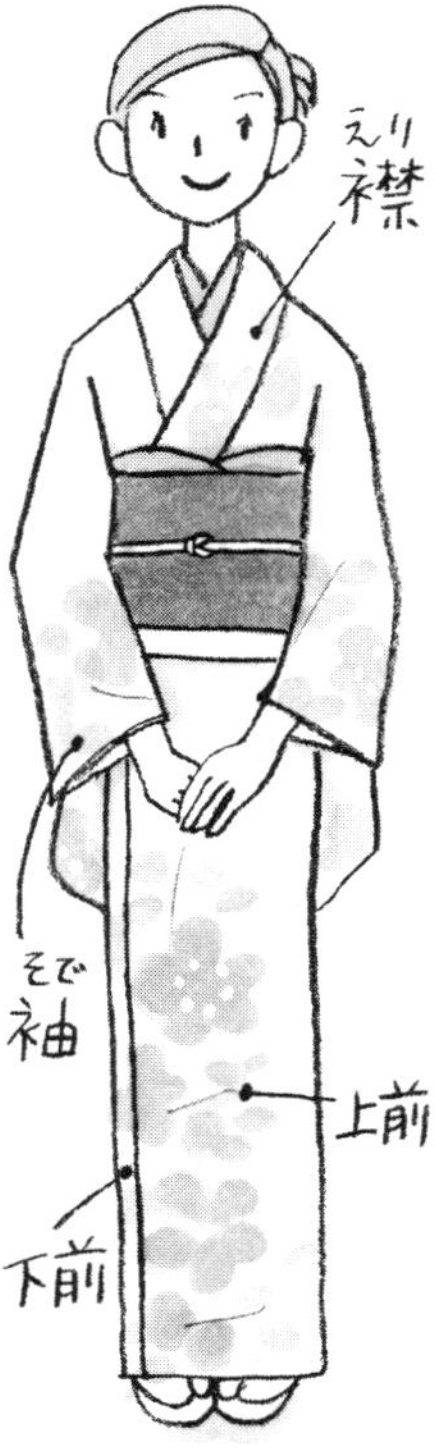

左前・右前は着せる側から見たときの言い方。向かって右側の襟が上の着方が右前

チェックインは夕食の時間までに

温泉旅館の宿泊料金は、2食つきというのが一般的です。

宿に着いたらゆっくり温泉につかり、おいしい郷土の料理に舌鼓《したつづみ》を打つというのが何よりも楽しみです。

宿はベストのタイミングで料理を出すように準備していますから、どんなに遅くても午後6時、夕食の時間までに宿に到着してチェックインするのが常識です。到着が遅れるときは、必ず連絡を入れましょう。

連絡もせずに夜遅くに着いて、料金に入っているからと夕食を要求するお客然とした態度は、不遜《ふそん》といわざるを得ませんね。

お酒類は持ち込まないのが原則

旅館では、部屋の冷蔵庫にお酒が用意されていて、お酒類の持ち込みは原則禁止しているところが多いようです。

勝手に宴会を開かれて、ほかのお客様に迷惑がかかっては困るというのが主な理由ではないでしょうか。

夕食後に、どうしても好きで持ち込んだお酒を飲みながらゆっくりくつろぎたいというときには、事前に宿に了解を得ておくとよいでしょう。

夜遅くまで飲んで騒ぐということでなければ、規則を盾《たて》に杓子定規《しゃくしじょうぎ》な対応をされることはないと思います。

床の間やその前に荷物を置かない

　和室の床を一段高くした床の間は神様の寝床であり、その前が上座になるほど家の中でもっとも神聖な場所とされています。宿の床の間にも掛け軸、置物、花が飾られ、おもてなしの気持ちが込められています。

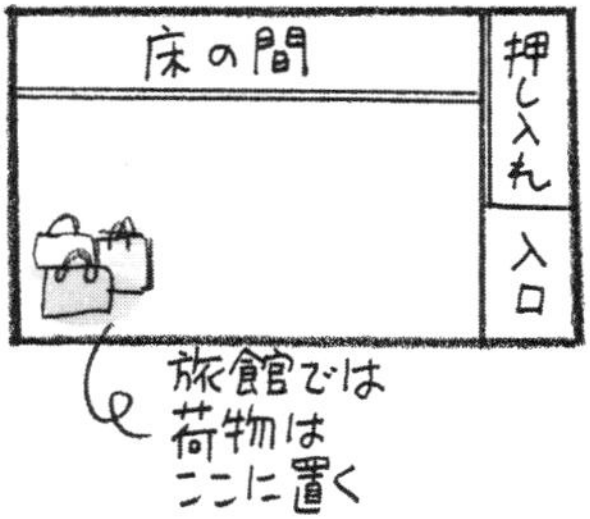

旅館では床の間のすぐ前に
荷物は置かない

　床の間やその前に荷物を置くことは、神聖な場所を汚し、宿の思いを台無しにすることにもつながります。

　旅館では、荷物は床の間から離れた場所、出入りのじゃまにならない場所を選んでまとめて置くようにしましょう。

食事の案内があったらすぐに席に着く

　温泉旅館によっては、宿泊客専用のお食事処で食事をするところも多いようです。部屋に「お食事の用意ができました」と連絡が入ったら、すぐに部屋を出て席に着くようにしましょう。

　宿泊客はほかにもいらっしゃって、お部屋を単位に最善のおもてなしをしようと準備をしています。自分たちの勝手なペースでなかなか席に着かない上に、料理が冷めてしまった（温まってしまった）とクレームをつけることは許されることではありません。

入浴するとき風呂敷が1枚あると便利

すっかり銭湯の数が減ってしまいました。公衆浴場に入ることに慣れていないせいでしょうか、温泉旅館の大浴場で、マナーを心得ない人を見かけることがあります。自宅のお風呂に一人で入るわけではありませんので、まわりの人への配慮は欠かせません。

脱衣場では、一つのかごに脱いだ服、もう一つのかごに浴衣や着がえを入れておくというように、一人でいくつもかごを使わないようにします。

入浴のとき、風呂敷が１枚あると何かと便利。着がえや入浴セットの持ち運びがラクですし、脱いだ服の上にかけておけば目隠しになります。混んでいるときは目印にもなって、自分のかごが見つかりやすいでしょう。

髪の毛が長い人は、湯船につからないようにゴムやタオルでたばねておきます。

湯船に入る前には必ずかけ湯をする

浴室に入って、何もしないで湯船に入るのはＮＧ。まずはかけ湯をして、からだの汚れを落とします。湯船のお湯を桶でくんでからだにかけても、シャワーを使ってもかまいません。先に全身を洗ってから湯船に入るという人も増えてきました。

立ったままかけ湯をするとほかの人にかかってしまいますので、必ず座って行います。からだを洗うときも、洗い湯がかからないように注意します。

洗い場を歩くときは、タオルで下半身を隠すようにするとスマートです。

そのタオルを湯船につけるのは衛生上よくありません。湯船のフチにたたんで置いておきます。もちろん、湯船で泳いだり、子どもを勝手に遊ばせるのはいけません。

使った湯桶や腰かけは、次に使う人のためにしっかりゆすいで位置を整えるか、積まれてあった元の場所に戻します。

脱衣所に戻るときは、濡れたからだをきちんとふいてからにします。

入浴だけに、からだも心もお互い気持ちよく！

湯船に入る前のかけ湯は必ず座って

トイレは静かに、を心がける

公共施設のトイレで、戸をバタンと閉めたり、トイレットペーパーをガラガラと大きな音を立てて引き出している人がいます。とても下品なふるまいです。トイレは静かに、を心がけてはいかがでしょう。

また、使い終わったトイレットペーパーの先を三角に折っている方がいますが、そのような手間をかける必要はありません。垂れ下がらないように、カバーに沿ってきれいにカットしておくだけでかまいません。

4章　恥をかかない・かかせない、日常のおつきあい

●形式に合わない香典袋は持ち帰る

仏式用の香典袋を用意したが、葬儀がほかの形式だった場合、その日は渡さずに受付で記帳だけし、後日直接届けるか郵送します。

弔事の表書きは、仏式では四十九日の法要までが「御霊前《ごれいぜん》」（浄土真宗を除く）、それ以降は「御仏前《ごぶつぜん》」。葬儀から法要までは「御香料《おこうりょう》」でもＯＫ。神式では「御榊料《おさかきりょう》」「玉串料《たまぐしりょう》」、キリスト教式は「御花料《おはなりょう》」です。もし形式がわからなければ、亡くなった方の好きだったものをお供えくださいという意味で「御供料《おそなえりょう》」にします。

●香典袋には必ずフルネームで書く

香典袋の名前は、必ずフルネームで。会社名や肩書は名前の右上に、やや小さめに書き添えます。ゴム印やボールペンはＮＧ。

●香典袋に新札を入れてもかまわない

香典袋に新札を入れても問題はありませんが、昔からのしきたりが気になるのでしたら、新札の真ん中に折り目をつけます。

●結婚式より身内の葬式を優先

身内の葬式が重なったら、招待されていた結婚式はキャンセル。それほど親密ではない人の場合は、内緒で結婚式だけに出席しても、両方に出席してもかまいません。

●すぐに思いあたらない人には知らせない

訃報が届いて「どなたかにご連絡をお願いします」と依頼されても、すぐに思いあたる人がいなかったり迷った人には、無理に知らせなくてもよいでしょう。知らせる場合も、「とりあえず」といった事務的なニュアンスにとどめ、誘うような口ぶりは避けます。

［弔事］

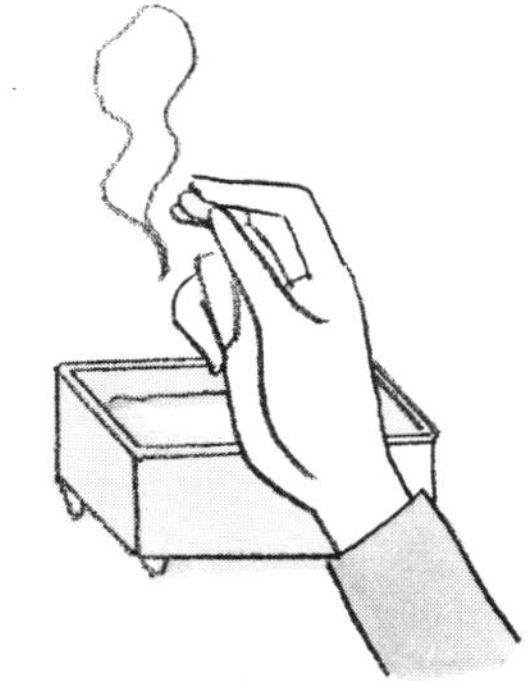

●焼香の回数は１回でもよい

親指・人差し指・中指の３本の指先で抹香をつまむ。手首を返して指先を真横に向けたまま額のほうに少し近づけてから、静かに抹香を香炉に落とす。この動作の回数は宗派によって異なるが、仏教徒ではない人や会葬者が多いとき、心を込めて１回でもかまわない

●通夜ぶるまいは断らない

通夜で参列者に飲食をふるまうのが通夜ぶるまい。それを断るのは、故人との最後の食事を断ることと同じなので、よほどの事情がない限りわずかでも箸をつけるようにする

●お見舞いの時間は長くても30分にする

せっかくのお見舞いも、病人を疲れさせたり、病室のほかの患者さんに迷惑がかかっては意味がありません。ケース・バイ・ケースですが、時間は15分、長くても30分くらいが目安です。病室のドアの開閉や履物の音には要注意。大人数で押しかけないこと。

病人への不用意なひと言にも注意します。「ちょっと、やせたね」などと第一印象をストレートに言ったり、病状を執拗に尋ねることもいけません。「気分はどうですか」「もう落ち着かれましたか」とさりげないひと言を。同室のほかの患者さんにも、「お大事に」などのあいさつを忘れないこと。

●面会謝絶は、面会お断りを意味しない

病室のドアに「面会謝絶」という札がかけられるのは、かなりの重病ということ。お見舞いに行っても重病の本人には面会できないからお見舞いに行ってはいけない、と勝手に決めつけるのはよくありません。

本人に会うだけでなく、付き添っている家族をねぎらい励ますのもお見舞いのうち。

ただ、家族をねぎらうのに、病人がいる前で「看病、たいへんですね」といった言い方をしたら、つらさの上塗りです。「お手伝いできることがありましたら、遠慮なくおっしゃってください」といったように、力になりますという思いを伝えます。

病人や家族に会うだけがお見舞いではありません。メッセージ・カードを添えたお見舞いの品を、病院のナース・ステーションや留守宅に届けておくのもよいでしょう。

［病気見舞い］

●鉢植えや香りの強い花は持参しない

「寝付く」につながる鉢植えの花、強い香りのユリ、菊、椿、シクラメン、アジサイ、真紅の花は、お見舞いに不向き。小さな籠にオアシス（吸水性スポンジ）を入れて切り花をアレンジしたものがおすすめ

●お見舞いに行く前に家族の了解を得る

お見舞いは義務や義理でするものではない。病人の事情を考えずに強引に押しかけては迷惑がかかるので、お見舞いに行く前には、必ず病人の家族に了解を得るようにする

●お中元・お歳暮は決められた時期に贈る

日ごろお世話になっている人へのお礼やあいさつとして夏に贈るのがお中元、冬に贈るのがお歳暮。お中元よりお歳暮が重要ですので、お歳暮だけ贈ってもかまいませんが、お中元を贈った人には必ずお歳暮も贈ります。

お中元は今では6月下旬から7月15日（地域によっては1ヵ月遅れ）までに、お歳暮は正月の準備に取りかかる「事始め」の12月13日（今は12月1日）から20日ぐらいのあいだ（お正月用の食品は30日ぐらいまで）に届くように贈るものです。

うっかりしていて贈る時期が過ぎてしまったら、表書きを変えます。

お中元は「暑中御見舞」（目上の人に対しては「暑中御伺《おうかがい》」）とし、立秋（8月8日）が過ぎたら「残暑御見舞」（目上の方には「残暑御伺」）とします。お歳暮は、松の内（元旦から1月7日まで）までは「御年賀」、それを過ぎたら「寒中御伺」として贈ります。お中元・お歳暮のお返しは不要です。

●お礼の気持ちは3日以内に伝える

お中元・お歳暮にお返しの必要がなくても、いただきっぱなしではすまされませんね。できれば品物が届いてから3日以内に、「ありがとう」の気持ちを伝えましょう。

電話でもメールでもかまいませんが、便箋（あるいはカード）に直筆でお礼状を書き、封筒に入れて出すのがていねいです。目上の方にハガキで出すのは避けたいところ。ハガキで出さざるを得なければ、「ハガキにて失礼します」のひと言は必ず添えます。

［贈答］

●喪中でも、お中元・お歳暮はＯＫ

お中元もお歳暮もお祝いごとではなく感謝の気持ちを表すものなので、喪中の相手に贈ってかまわない。気が引けるときは、時期を少しずらして「暑中御伺」「寒中御伺」とする

●連名の「様」は省略しない

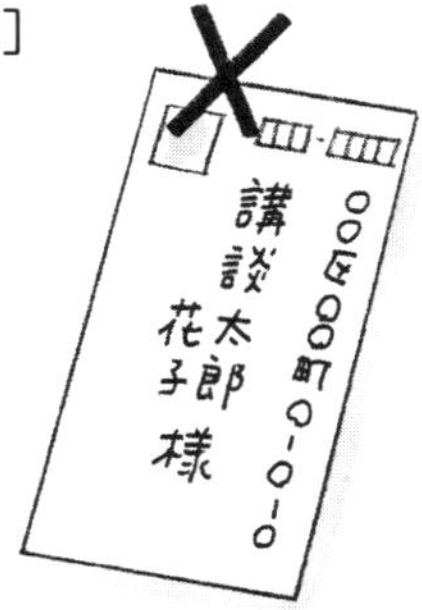

お礼状の宛名を連名にするとき、「様」を1つしか書かないと、「様」のついていない人を呼び捨てにするのと同じ。「様」は敬称なので、すべての名前の下に省略しないで書く

●お礼状をワープロで書いてもかまわない

お礼状は手書きが望ましいが、ワープロで書いても出さないよりはずっとマシ。文面はワープロでも、最後の自分の名前（署名）だけは自筆にする

慶事のとき

返信ハガキの書き方には決まりがある

結婚式の披露宴やパーティーの招待状には、返信ハガキが同封されています。この書き方には、決まりがあります。

ハガキの裏に印刷されている「御出席」、「御欠席」、「御住所」、「御氏名」(「御芳名」)の「御」や「御芳」の文字は、必要なことがらを記入する前に、すべて消します。

ハガキの表、宛名の下にある「行」の字も消して「様」に書き換えます。

文字の消し方は、1字の場合はナナメ線、2字以上は平行線を使うのが一般的です。赤ペンを使い「行」の字を「寿」の字で消すというのもいかがでしょう。間違っても、×(バツ)や塗りつぶして消さないように。

出席するときは、「出席」を丸で囲み、その下に「おめでとうございます。喜んで出席いたします」、「美しい花嫁姿を楽しみにしております」といったひと言を添えます。

丸で囲んだ「出席」の上に「喜んで」、下に「いたします」と書くのはちょっと無精な気がします。書き添える言葉は、すべてきちんと手書きしましょう。

出席できないときは、「よんどころない用事がございまして」などと理由をあいまいにしたほうが気がきいています。

あとで欠席した理由を聞かれたら、そのときに本当のことを伝えればよいでしょう。

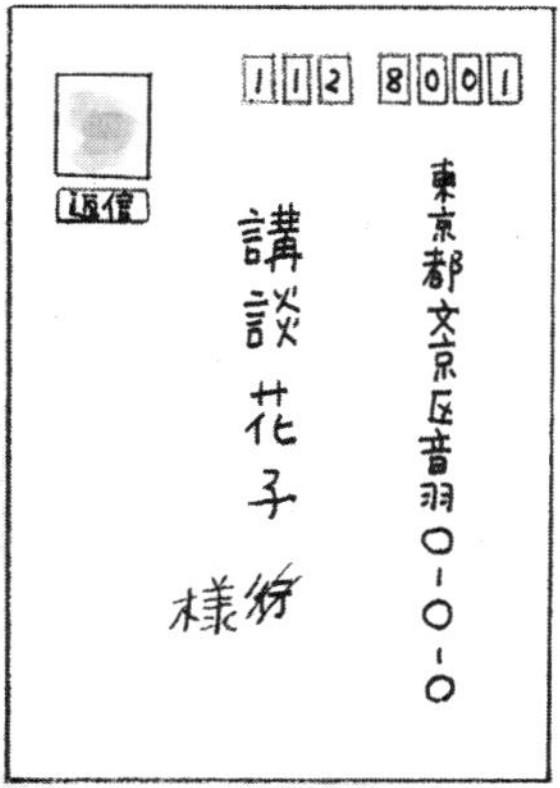

宛名の下の「行」は
「様」に変える

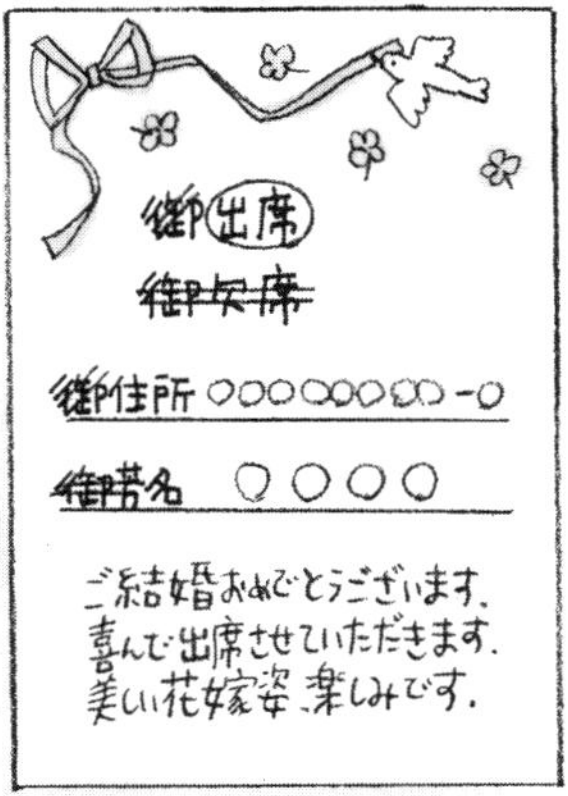

文字はナナメ線か平行線で
消す。×（バツ）や塗りつ
ぶして消すのはＮＧ

招待状の返事は1週間以内に出す

招待状を差し出した人は、人数を確定するために、出席していただけるのか欠席なのかの都合を早く知りたいものです。返信ハガキは、届いてから遅くても1週間以内に投函するのが親切です。

出席したいのはやまやま、しかし予定がなかなか決まらず、1週間以内に返事が出せないことがあります。そのときは、いつまでに返事ができそうか、出席できそうかどうか電話で状況を伝えます。

長い間留守をしていて招待状に気づかず、返事が遅れたときは、そのお詫びもかねてすぐに電話で出欠を伝えましょう。

金額に見合った祝儀袋を選ぶ

祝儀袋は、体裁もさまざまです。豪華なわりには金額が少ないといったことがないように、金額や贈る（贈られる）人の立場にふさわしいものを選びます。

・5000～1万円未満＝高級感のある和紙で、水引は結びきりの輪を切らずに輪にした「輪結び」（「日の出結び」）。

・1万～3万円未満＝包み紙は奉書紙《ほうしょがみ》（シワがなく純白で上質な和紙）で、水引は金銀の「あわび結び」。

・3万～5万円未満＝包み紙は奉書紙。水引は金銀の「あわび結び」。

・5万～10万円未満＝包み紙は檀紙《だんし》（縮緬《ちりめん》状

のシワがある高級な和紙）で、水引は金銀の「飾り結び」。

・10万円以上＝包み紙は檀紙で、大判のもの。水引は金銀で、松竹梅つきの豪華な「飾り結び」のものがふさわしいでしょう。

祝儀袋は、すべてのしつき。水引は、「一度結んだらほどけない」という意味で結び切りのものを使います。

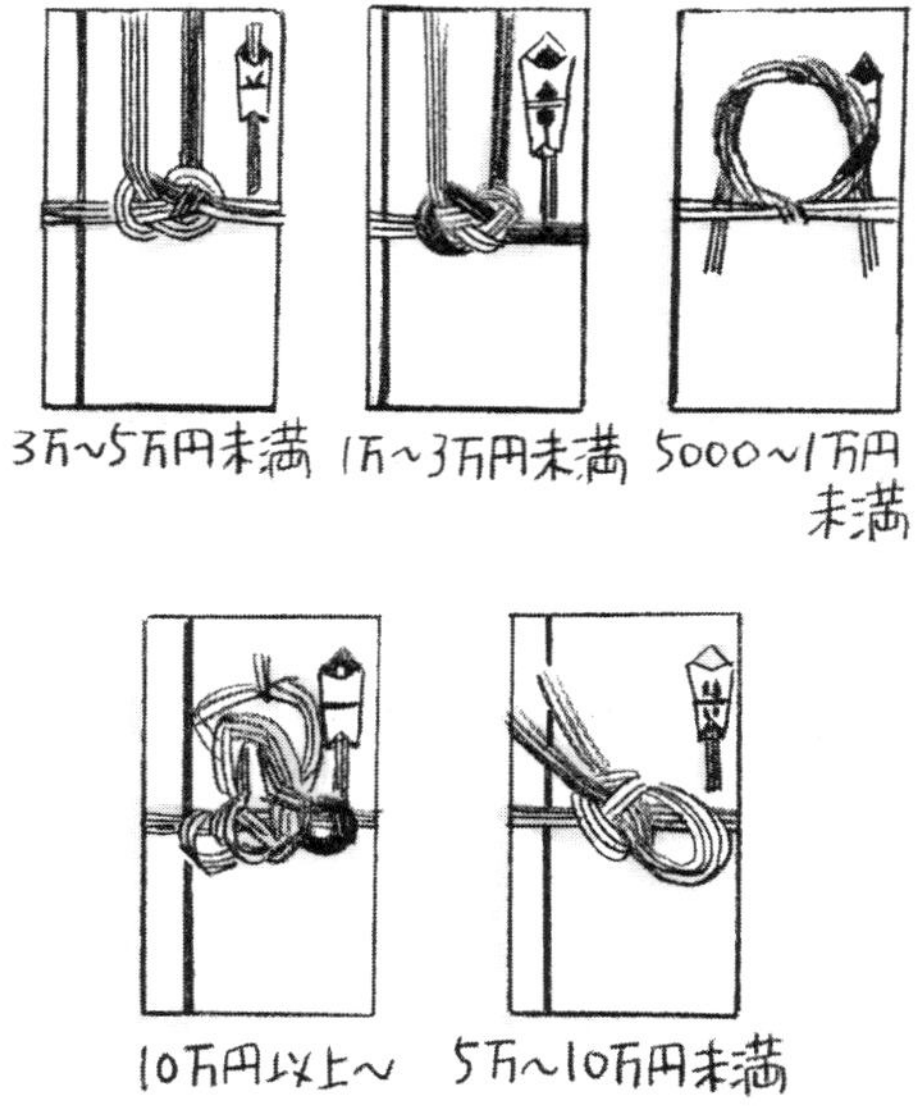

祝儀袋の体裁は、水引の結びだけでは決められない。高額のときでも、「飾り結び」に限らず「輪結び」「あわび結び」にして問題はない。金額別の体裁を目安にして、紙の質や水引の本数（多いほうが上）も含めて選ぶことが大事

祝儀袋には新札を入れる

祝儀袋には、銀行で両替をした新札を、肖像画のある表を上にして入れます。慶事のときはお札の表が上なので、弔事のときは裏返すという人がいましたが、それは間違い。人に渡すものは、すべて表を上にします。

表書きは、「寿」「壽」「御結婚御祝」「寿御結婚」と書くのが一般的。名前は、中央にフルネームで、文字はくずさずに楷書体《かいしょたい》で書きます。連名は3人までにします。

表書きは、慶事のときは濃墨《こずみ》、弔事のときは薄墨《うすずみ》で書くのが正式です。慶事は前もって予定がわかっていますから、墨もゆっくりすれるはず、というわけです。

遠方での披露宴、交通費は招待する人が負担

披露宴の招待状を送りたいのですが、遠方から来ていただく方の交通費や宿泊費をどうしたらよいか、正直悩むところです。

仲人《なこうど》や主賓など結婚式に欠かせない人の分は、招待する側が全額負担するものです。

そうではない人の場合は、おつきあいの深さ、地域の習慣、かけられる予算などによってケース・バイ・ケースですが、できるだけ招待する側が負担するのが一般的です。

披露宴が終わってから、「御車代」として包んで渡すとよいでしょう。

結婚の喜びをわかちあいたい友人がいて、どうしても全額負担できないときは、一部だ

け負担したり、お祝い金を辞退するむねを伝え、「ぜひ出席してほしい」とお願いするのが、相手に対する配慮ではないでしょうか。

いっぽう、招待される側も、出費がどうしても負担になる場合は、披露宴を欠席して気持ちのこもったお祝い品を贈るとよいでしょう。間違っても、交通費や宿泊費の話題を結婚する本人にもちかけるようなことは、してはいけません。

結婚祝いは結婚式の1週間前までに贈る

祝儀袋は、結婚披露宴の受付で渡すものので、そうしなければ会場には入れないと思っていたら、それは大きな誤解です。

結婚のお祝いは、遅くても結婚式の1週間前までに贈るもの。直接手渡しても、祝儀袋や商品券を書留で郵送してもかまいません。結婚する人にすれば、式の費用の足しになりますし、当日大金を預かる受付係も盗難の心配をしなくてすみます。

当日、披露宴の受付で「あのぉ、お祝いは？」と呼びとめられることはないでしょうが、「もう渡してありますから」などと余計なことを言わずに「本日は、おめでとうございます」とだけ伝えて、記帳して会場に入ってもかまいません。

お祝い品は希望を聞いて選ぶのが一番

結婚のお祝いに何を贈ったらよいか、頭を悩ますのは誰も同じです。ものがあふれている時代だけに品物を選ぶことがむずかしく、現金を贈る人が多くなってきました。

　それに、どんなに高価なものでも、同じ用途のものがダブってしまったり、色やかたちを気に入っていただけないのでは、すべてが無駄になってしまいます。

　もし品物を贈るのでしたら、相手の希望をきちんと聞いて選ぶと間違いありません。ほんとうに欲しかったものは、使うたびに贈ってくださった人を思い出しますし、金額にかえられない価値があります。

　また、買ってもらいたい品物の分を、「好みがわかりませんので、お二人で選んでください」という意味を込めて、現金で贈ってもかまいません。そのときの表書きは、「寿」「御祝」「御結婚祝」でもよいのですが、「冷蔵庫料」「洗濯機料」と買ってもらいたい品物の名前にすると、贈る気持ちがはっきりするでしょう。

「平服で」と言われてもふだん着で行かない

　結婚披露パーティーの招待状に、「平服で御出席ください」と書かれていることがよくあります。

　平服はあまり聞き慣れない言葉なので、ふだん着（ふだん着る洋服）と勘違いしてしまうと、当日会場でたいへんなことになってしまいます。

　冠婚葬祭などの儀式で着る衣服を、礼装（礼服）といい、正礼装、準礼装と略礼装（簡略化した礼装）があります。

正礼装は、男性はモーニングやタキシード、五つ紋付きの羽《は》織袴《おりはかま》、女性はロングドレスやイブニングドレス、既婚者は黒留袖《とめそで》、未婚者は振り袖を着ること。

略礼装は、男性はブラック（ダーク）スーツ、女性はワンピースやアンサンブル・スーツ、色無地の和装のこと。

平服とは、この略礼装のこと。正礼装ほど堅苦しくなく、ふだん着ほどカジュアルではないおしゃれな外出着で出かけましょう。

平服は略礼装のこと。男性はブラック（ダーク）スーツ、女性はワンピースやアンサンブル・スーツなど

結婚式で使ってはいけない言葉がある

結婚式で、「別れる」「切れる」ことを連想させたり、ハッピーな気持ちを損ねるような忌《い》み言葉、「同じことをくり返す」ことを連想させる重ね言葉は使ってはいけません。

【忌み言葉】

浅い、薄い、衰える、折る、終わる、帰る、変わる、消える、切れる、くり返す、去る、散る、出る、閉じる、流れる、なくなる、何度も、離れる、冷える、もう一度、戻る、破れる、やめる、別れる

【重ね言葉】

返す返す、重ね重ね、重々、たびたび、またまた

弔事のとき

故人との対面は、自分からは申し出ない

不幸の知らせを受けて、とりあえず駆けつける場合は、地味な服であれば着の身着のままでも差し支えありません。

自宅にうかがったら玄関先で、

「お知らせをいただき、思いもかけないことで驚き、飛んでまいりました。さぞかしお力落としのことと存じます」

というように、遺族の気持ちになってていねいにお悔やみの言葉を述べます。

故人との対面は、自分からは申し出ないで、遺族にすすめられてからにします。対面

しても、故人の顔にかけられた白い布を自分で取ってはいけません。

また、遺族から対面をすすめられても、それを断るのは失礼にはなりません。

通夜や葬儀でどのようなお手伝いができるかを尋ねれば、社交辞令にはならないでしょう。おせっかいにならずに、遺族の意向や、世話役代表の指示に従うことが大切です。

通夜で喪服を着てもかまわない

「まるで亡くなるのを待っていたようだから」という理由で、通夜に喪服を着ていってはいけないという意見、まだ聞かれます。

また、人が亡くなっても、からだ中の細胞は24時間ぐらいは生きています。家族は、愛する人が亡くなっても、なかなかそのことを認めたくない気持ちでいっぱいでしょう。そのようなときに、遺族に喪服姿を見せるのはとても酷のように思います。

しかし、故人と正式なお別れをするための葬式は、火葬場の事情でほとんどが日中に行われます。そのために、仕事をしている人はなかなか参列できませんので、通夜に出席して故人と最後のお別れがしたいという人が増えてきました。

その場合に、喪服を着ていきたいと思うのは当然ですし、誰もがそう思うでしょう。

なによりも大切なことは、喪服であろうと、出先から平服で駆けつけようと、服装にとらわれないで、参列者の気持ちや事情を尊重することではないでしょうか。

お悔やみの席で使ってはいけない言葉がある

お悔やみの席でも、遺族の悲しみを助長するような忌み言葉や、「不幸のくり返し」を連想させる重ね言葉を使ってはいけません。

【忌み言葉】

死ぬ、死亡する、生きる、生存する、迷う、浮かばれない、追って、重ねて、再び

【重ね言葉】

たびたび、しばしば、重ね重ね、返す返す、またまた、ますます

金額に見合った香典袋を選ぶ

祝儀袋と同じように、香典袋（不祝儀袋）も、水引や包み紙の質によって種類もさまざまです（のしは、祝儀袋にはついていますが、不祝儀袋にはつけません）。

包む金額に合わせて、ふさわしいものを選びましょう。

・1万円未満＝水引が印刷されたものでもかまいません。

・1万〜3万円未満＝包み紙は奉書紙で、水引を用いたもの。水引の色は黒白（双銀、双白、関西では黄白もあります）。

・3万〜5万円未満＝包み紙は手すきの奉書紙で、双銀の本数の多い水引を用いたもの。

・5万円以上＝包み紙は高級な檀紙で、双銀の水引を用いた大判のもの。水引には菊などの華やかな装飾がほどこされています。

弔事のとき、表書きは薄墨で書く

弔事のときの表書きは、薄墨で書くとされています。

「突然のことで、墨をすり切らないままあわてて書いてまいりました」

「悲しみの涙で、字がにじんでしまいました」

という意味が込められています。

硯《すずり》で墨を薄くするか、市販されている薄墨用の筆ペンを使います。ふつうの筆ペンでも、筆先を少し水につけて書くと、薄墨で書いたのと同じ効果が出ます。

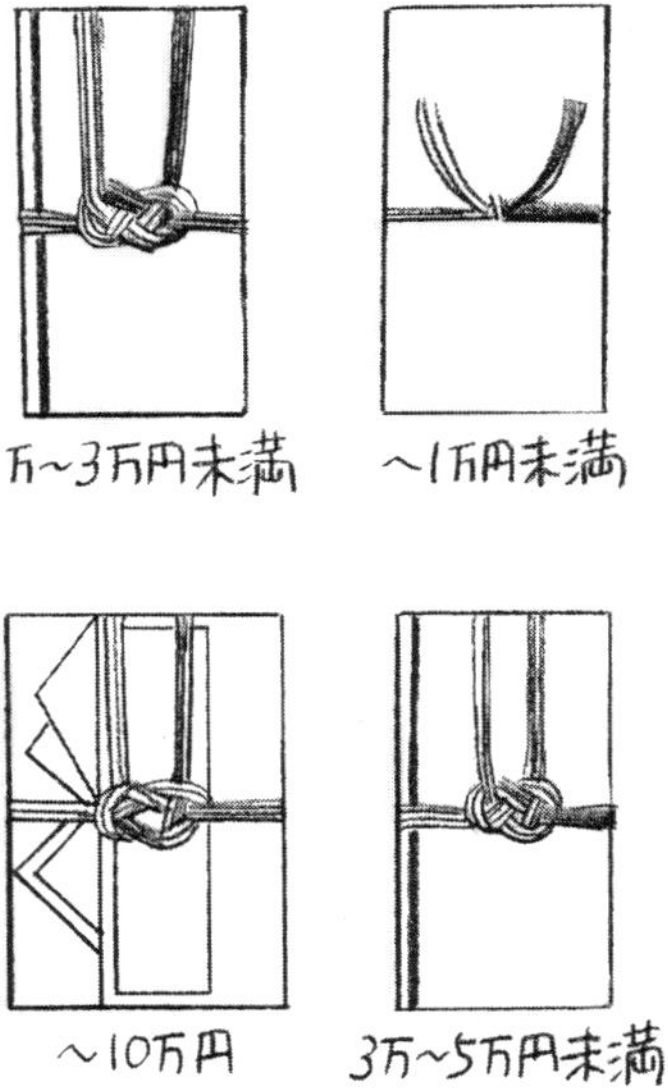

香典袋（不祝儀袋）は、紙の質や水引の本数によって、包む金額に合わせてふさわしいものを選ぶ

時間が経っていても手紙で弔意を表す

知人や仕事関係の方が亡くなったことを、何ヵ月も経ってから知るというケースはなきにしもあらずです。

自宅にうかがって、感謝とお悔やみの気持ちを遺族に直接伝えたいときは、「つい先日、○○様のご不幸を知り、ご葬儀に参列できませんでしたことをお詫びいたします。ぜひお悔やみを申しあげたいのですが」と、あらかじめ都合を確認します。

もし、「お気持ちだけでけっこうです」とお断りされたら無理強いをしないこと。弔意を直筆の手紙にしたため、お線香などと一緒に遺族に送ってはいかがでしょう。

香典袋と祝儀袋は袱紗《ふくさ》の包み方が違う

香典袋は、気持ちを込めて相手に渡すものです。粗末に扱って折れたり汚れたりしないように、必ず袱紗に包んで持参します。袱紗は、ものを包んだり上にかけたりするのに使われる儀礼用の絹布《けんぷ》のことです。

香典袋と祝儀袋とでは袱紗の包み方が違いますので、覚えておきましょう。

今では、はさんで入れるだけの〝はさみ袱紗〟が手に入ります。紫色のものであれば、慶弔いずれにも使えます。

袱紗をたたみ、その上に香典袋をのせて差し出すのが、よりていねいな渡し方です。むき出しのまま持参するのはやめましょう。

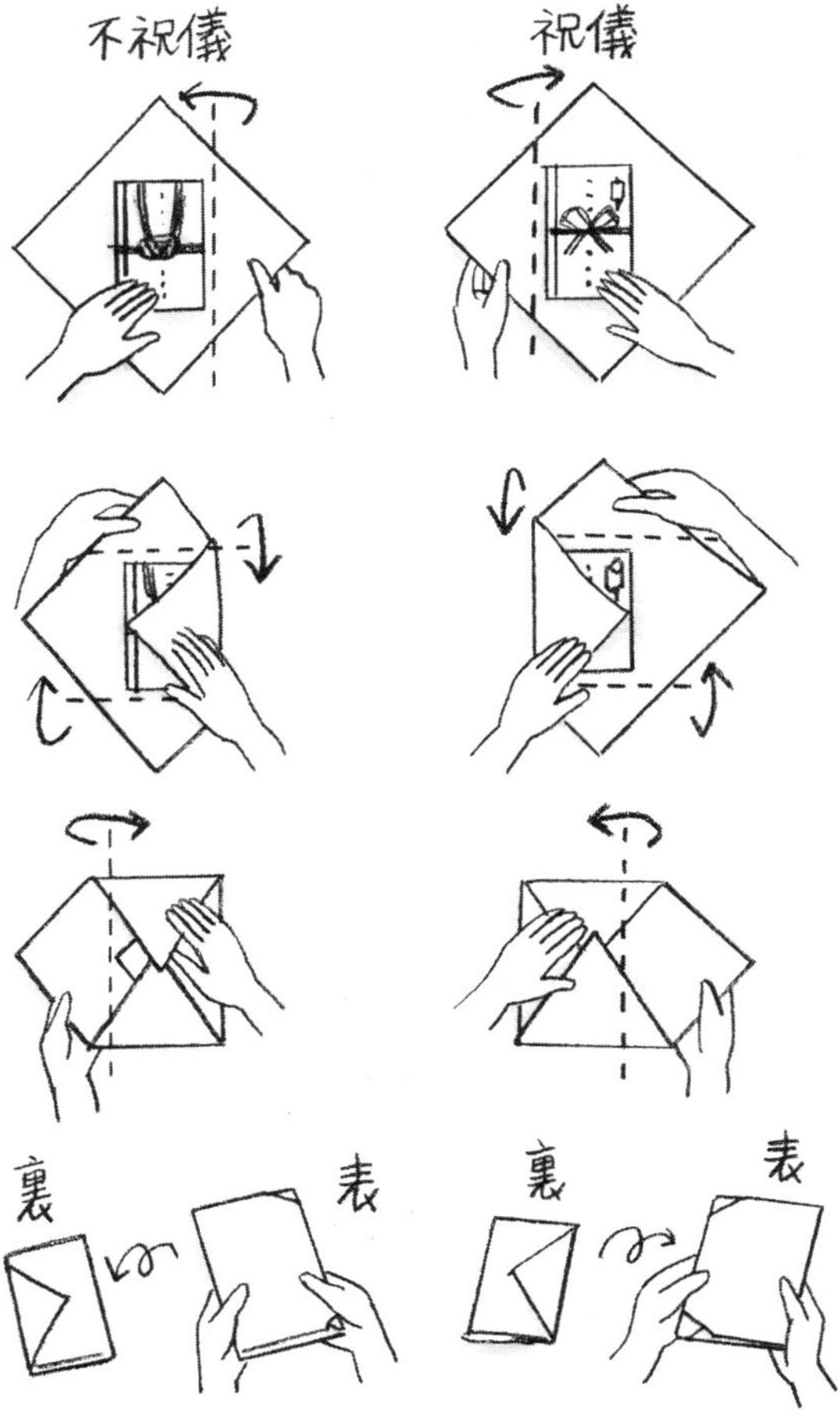

袱紗は、祝儀袋は左から、不祝儀袋は右から包み始める

贈答

目上の人にお金を贈るのは失礼にあたる

感謝の気持ちを込めたり、何かの記念日にお金を贈るのはストレートすぎるということで昔は敬遠され、何かしら品物を探して贈ったものでした。

しかし今では、現金そのものでなくても商品券やギフト券が普及し、贈られた人が好きなものを選べるというメリットもあって喜ばれる贈り物になっています。

ただ、現金を贈るのは失礼にあたることがあります。相手が目上の人と、いただきもののお返しの場合です。注意しましょう。

贈り物を配送するときは送り状を出す

贈り物は、風呂敷に包んで自宅に持参するのが正式とされています。直接お届けしたほうが、贈る人の気持ちが伝わりやすいのは確かです。

しかし、遠方の場合はそうはいきませんので、今では宅配業者に配送をお願いするのがあたり前となりました。

その場合は、「感謝のしるしに○○をお送りしました」というように、別便で送り状を出して、品物を贈ったことを伝えておくとよいでしょう。

送り状は、品物よりも2～3日前に届くようにすれば、突然品物が届いてとまどわせてしまうこともありませんし、事務的に贈りっぱなしという印象も避けられます。

贈り物には〝のし紙〟をかける

贈り物には、〝のし（熨斗）〟のついたのし紙をかけるのが正式とされています。

昔から、慶事のときには酒とともに海産物はつきもので、本物のあわびの内臓を取り、伸ばして干したもの（熨《の》斗《し》鮑《あわび》）を添えて贈っていました。それが次第に形式化され、今では「のし」と書かれただけののし紙も使われています。

のし紙を品物にかけてから包装紙で包むのが「内のし」、品物を包装紙で包んでからのし紙をかけるのが「外のし」です。関東では内のし、関西では外のしがよく使われますが、どちらのかけ方でも問題はありません。

いっぽう、弔事のときや、肉、魚などを贈るときには、のしをつけてはいけません。近年は、病気見舞いや災害見舞いのときも、のしが「伸ばし」に通じるという理由でつけなくなっています。

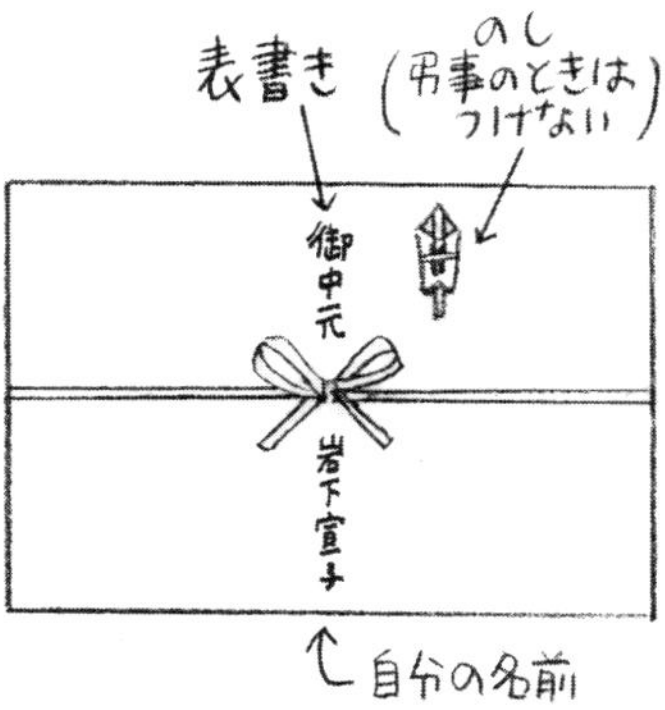

弔事などを除いて、贈り物にはのし紙をかけるのが正式

立場上受け取れない贈り物は送り返してよい

ある日、贈り物が届きました。送り状を見て、送り主に心あたりがなかったり、立場上この人からの品物を受け取ってはいけないと判断したら、そのまま上から包装して、すぐに送り返したほうが無難でしょう。

贈っていただいたことのお礼と、なぜ受け取れないのかその理由に、「今後は、どうぞお気づかいなく」のひと言を添えた手紙を同封するか、送り返した後に別途投函することを忘れずに。

黙って送り返してしまったら、相手の心証を悪くするばかりでなく、争いごとに発展しかねません。

贈り物が壊れていたら、配送元にすぐ連絡

贈り物が届いたので開けてみたら、中身が壊れていたりいたんでいました。

そのときはもちろん、そのまま黙っている必要はありません。

デパートなど商品を発送した業者か、配送した業者にすぐに連絡しましょう。

こうしたトラブルに対応するために損害賠償などの制度が設けられていることが多く、ほとんどのケースで、取り替えてくれたり代金を返金してくれます。

ただ、トラブルがあったことは、贈ってくれた人には関係ありません。いっさいふれずにお礼状を出しましょう。

詫び状、依頼状は、白い封筒と便箋で出す

目上の人に対しての手紙や、お礼状、詫び状、依頼状などあらたまった内容の手紙は、略式のハガキ（端書き、葉書）ではなく、封書で出すのがもっともていねいです。

封筒も便箋も、色つき、柄つきなどたくさんの種類がありますが、詫び状や依頼状は白いものを使いましょう。それ以外は、上品な色柄ものでもかまいません。

封筒には、一重のものと二重のものがあります。目上の人やあらたまった手紙、慶事のときには二重の封筒を使い、お見舞いや弔事のときには一重の封筒を使うのが一般的です。

宛名は、縦型の封筒の場合は縦書きにして左上に切手を貼り、横型の封筒の場合は横書きにして切手を右上に貼ります。

文字の色は、黒か黒に近い青。万年筆や毛筆で書くのが正式、ボールペンやサインペンで書くのは略式です。

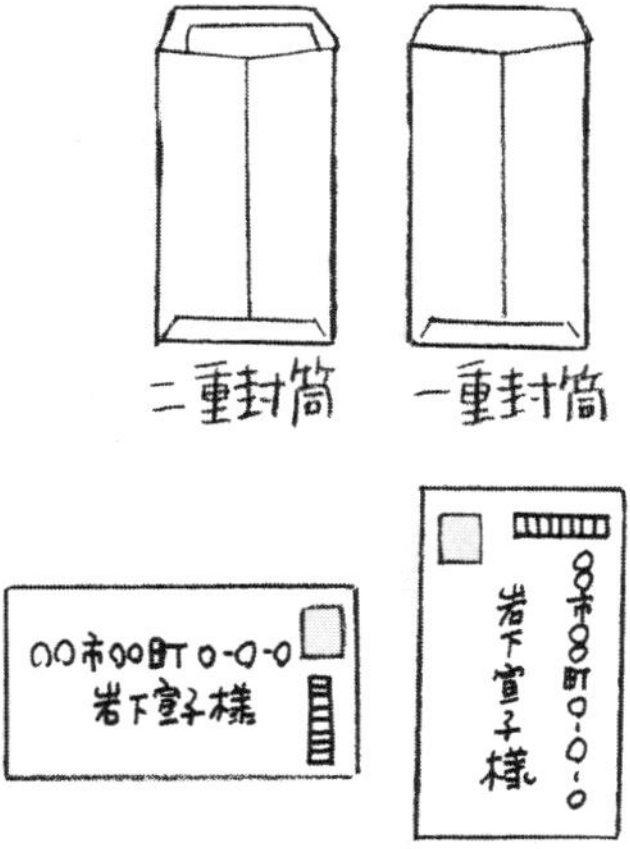

慶事などは二重封筒、弔事などは一重封筒を使う

親戚づきあい

短い帰省のときは、滞在費を払う必要はない

お盆や年末年始に、ふるさとの実家に帰省することがよくあります。

帰省したい日時と期間はなるべく早く伝えて、実家の都合を聞くところから始めます。スケジュールが決まったら、滞在中の荷物をまとめますが、先に宅配便で送るときは、そのむねを伝えておきましょう。

実家やその近所に渡す手みやげは、必ず出発の前日までに買いそろえておきます。実家の近くで購入するのは、間に合わせの印象を与えます。

夫の実家へはエプロンを持参し、滞在中は積極的に家事を手伝います。1週間以内の短い滞在でしたら、かかった費用を負担する必要はありません。そのかわり、滞在中に実家の両親を食事に誘うなどして、感謝の気持ちを表します。

夫と妻の実家、おつきあいは公平に

結婚すれば、自分の実家だけでなく、伴侶《はんりょ》の実家とのおつきあいが始まります。

どうしても血のつながりがある自分の実家をひいきにしがちですが、お中元やお歳暮、旅行のおみやげ、誕生日のプレゼント、子どもや孫の行事への招待など、公平なおつきあいを心がけます。

実家では、自慢話・噂話・悪口は言わない

親戚が集まると、どうしても自慢話や噂話、悪口が飛び交うものです。

それほど悪意はなく、軽い気持ちで言ったことが大きく伝わって相手を傷つけたり、内緒のはずがいつのまにか相手の耳に入ってしまい、思わぬトラブルに発展しかねません。

とくに、相手の実家で自分の実家の話をするのはタブー。ついつい調子にのって、親戚どうしでの自慢話や噂話はしないこと、それと悪口には加わらないようにします。

血縁者どうしのトラブルに巻き込まれないためには、〝見ざる・言わざる・聞かざる〟のノータッチに徹するのが無難です。

疎遠になっても年賀状は忘れずに出す

どの親戚とも公平におつきあいができればよいのですが、現実には親戚の数が多かったり、遠かったり、相性の問題などもあって、中には疎遠になってしまうところが出てくるのもやむを得ません。

しかし、日ごろのおつきあいはなくても、血縁者であることに変わりはありません。冠婚葬祭のときに会うこともあるでしょうし、何かのきっかけで、お世話をしたりお世話になることも十分考えられます。

お中元やお歳暮を贈る必要はありませんが、近況報告をかねて、年に一度の年賀状は忘れずに出しましょう。

冠婚葬祭は、親戚の家風やしきたりに従う

それぞれの家には、家風やしきたりがあります。独自の気風、習慣、慣例、流儀、作法というものは、昔から長年にわたって慣れ親しんできたもの。それだけに、そう簡単に変えられるものでも、やめられるものでもありません。

「郷《ごう》に入《い》っては郷に従え」です。

親戚での冠婚葬祭のときは、親戚の住む土地の風俗・習慣、家風・しきたりをおろそかにしないのが礼儀です。よくわからなかったら、出席するほかの親戚に尋ねて、祝儀や不祝儀の金額や、服装、持っていくものなど、あらかじめしっかりと確認しましょう。

近所づきあい

引っ越し前のあいさつはタイミングを見て

これから引っ越す人が、かなり前から引っ越しすることを近所に公にしたとします。すると何かお手伝いをしよう、送別会をやろうと、かえって気をつかわせてしまうことになりかねません。

といって、黙って引っ越すわけにもいきませんから、とくに親しくおつきあいをしていた人には話をしておいて、あとは成り行きにまかせるほうがよいように思います。

近所の人へのあいさつまわりは、タイミングを見て、できるだけ前日か当日に。

引っ越ししたら、あいさつは当日にすませる

引っ越しは、当事者にとっては、不安と期待が入り混じったものであると同時に、迎える近所の人たちにとっても、はたしてどんな人たちが住むことになるのか、とても気になるものです。

しかし、引っ越して来た人が何日も姿を見せないと、近所の人は道ですれ違ってもあいさつもできませんし、もしかしたらわけありの人たちなのではないかと不安に感じたりもします。

引っ越しのあいさつは、できるだけ当日が望ましいこと。当日が無理でも、翌日にはすませるようにしましょう。

引っ越しのあいさつまわりは4～5軒程度に

引っ越ししたら、ご近所のどの範囲まであいさつをしたらよいか迷ってしまいます。

昔から、ご近所で親しく交際する家は「向《む》こう三軒両隣《さんげんりょうどなり》」といって、自分の家の向かい側3軒と左右の2軒。加えて、裏の家と町会長の家。これは、一軒家の場合。

マンションの場合、両隣と上下の部屋、管理人へのあいさつは必須。いずれの場合も、少なくても4～5軒にはあいさつをします。

名前、家族構成、ペットを飼うことやピアノを弾くことなどはあらかじめ伝えておいたほうがよいでしょう。「わからないことが多々あると思いますが、その節はよろしくお

願いいたします」とひと言添えると、ご近所の受けはなおよし。

笑顔を忘れずに、よい第一印象を与えることが大切です。

引っ越しのあいさつ品は500〜1000円

引っ越しのあいさつには手ぶらではなく、品物を持参します。タオルなどの日用品やお菓子など、金額は500〜1000円が目安。のし紙に「御挨拶」と表書きをします。

引っ越しというと、昔から引っ越しそばを配るならわしがあります。それまでは「家移りの粥《かゆ》」といって、小豆《あずき》粥を重箱に入れてふるまっていましたが、江戸時代の末期からそばが主流になったといわれています。

そばは長くて切れないので、「おそばにいて末長く、細く長くおつきあいを」という願いが込められています。もちろん今も、このならわしがなくなったわけではありません。

トラブルは自治会や町内会を通じて解決

騒音、ゴミ出し、ペット、ベランダの利用と、ご近所トラブルはあとを絶ちません。

当事者どうしが激しい口調で言い合っていたら収拾がつかなくなりますし、ご近所にいつもケンカをしている人がいたら、日々穏やかに暮らすことはできません。

そうならないためには、角の立たない苦情の言い方を心がけます。

トラブルはお互い様ということがよくあり

ます。たとえば騒音トラブルのときは、「私どもの家の音で、ご迷惑をかけていないでしょうか」とまずわが身のことを尋ねた上で、「ちょっと○○の音が響くようですが、少しおさえていただくととても助かります」とやわらかな口調でお願いをすれば、感情的にならなくてすみます。

あるいは、マンションでしたら自治会、一軒家でしたら町内会など、第三者に仲介や仲裁を依頼するのは、ことを荒立てない解決につながります。

自治会や地域の行事にはできるだけ参加

ご近所づきあいが面倒だからなのでしょうか、マンションの自治会や管理組合の総会、地域の行事にあまり関心を示さない人たちが増えています。

「出ようと出まいと、そんなの自由でしょ」と言われてしまえばそれまでですが、マンションの廊下ですれ違った人が、同じマンションの住人なのかどうかすらわからないというのはとても不安なことです。

一度でいいですから、面倒がらずに総会や行事に参加してみてください。そのことをきっかけに、それまであいさつすらしなかった人とも急に親しくなることもあります。

見知らぬ人どうしであるためにトラブルになることも、顔見知りであればお互い許しあえることもあると思うのです。

ご近所とは、できるだけ仲良くしていきたいですからね。

おすそ分けはほどほどにする

いただいたものを、他の人に分け与えるのがおすそ分けです。

「これ、田舎から送ってきたのですけど、いかがですか」「珍しい材料が手に入ったのでつくってみました。わずかですが、召しあがってください」

昔は隣近所とのあいだで、こんなやりとりが盛んに交わされていました。おすそ分けは、近所づきあいの潤滑油の役割をはたしていたのです。

しかし、あまり頻繁になると、中にはわずらわしいと感じたり、かえって負担に感じるという人もいるでしょう。

おすそ分けは、ほどほどに。ひと言お礼を言うだけで、こちらがいただきものをしたときにお返しをする程度でかまいません。いただいたらすぐにお返しをするという、もののやりとりだけになってしまったら、味気ない印象です。

ときには、おすそ分けを子どもに頼んでみてはいかがですか。あいさつの仕方や言葉づかいが実地で学べますし、相手もそれほど負担に感じないかもしれません。

噂話にはできるだけ加わらない

井戸端《いどばた》で、近所の女性たちが水くみや洗濯をしながら人の噂や世間話をすることをからかったのが「井戸端会議」という言葉です。

今となっては井戸もなくなりましたが、井戸端会議に花を咲かせるのは昔と変わらず、ご近所づきあいに噂話はつきものといってもよいでしょう。

おしゃべりの中で、他人のプライベートなことを根掘り葉掘り聞かれたら、知っていても言葉をにごして、噂話には加わらないようにしましょう。

ある一線を越えて、他人の生活に踏み込みすぎるのはトラブルのもとです。「つかず離れず」、適度な距離感を保つのがご近所づきあいのコツです。

5章　スマートなお金の使い方

●結婚祝い

［贈り先が親族＝披露宴に出席］
兄弟・姉妹　3万〜10万円（5万〜10万円）
甥・姪　3万〜5万円（5万〜10万円）
いとこ　3万円（5万円）
その他の親類　3万円（5万円）
（　）内は、夫婦連名の金額

［贈り先が親族＝披露宴に欠席］
甥・姪　1万〜2万円
いとこ　1万〜2万円
その他の親類　1万〜2万円

［贈り先が友人・会社関係＝披露宴に出席］
友人・知人　2万〜3万円
友人・知人の家族　2万〜3万円
勤務先の同僚　2万〜3万円
勤務先の部下　3万円
取引先関係　3万円
隣近所　2万〜3万円

［贈り先が友人・会社関係＝披露宴に欠席］
友人・知人　1万円
勤務先の同僚　5000〜1万円
勤務先の部下　1万円
取引先関係　5000〜1万円

披露宴に招待できなかった人への結婚祝いのお返しは、お祝いの半額程度の品物を結婚式後1ヵ月以内に贈ります。

●香典・供花《くげ》・供物《くもつ》

両親　3万～10万円
兄弟・姉妹　3万～5万円
祖父母・叔父・叔母・親類　1万円
友人・知人（の家族）　5000～1万円
勤務先の上司　3000～1万円
勤務先の同僚　3000～5000円
勤務先の部下　3000～1万円
勤務先社員の家族　3000～5000円
取引先　5000～1万円
隣近所　3000～5000円
花輪・盛りかご（1基）　1万円～
生花（1基）　1万5000円～
お返しは、香典の半額程度の品物が目安。

●お中元・お歳暮

特別にお世話になった人　1万円
仲人や会社の上司など　5000円前後
親戚や知人など　3000～4000円
お返しをする必要はありません。

●出産祝い

お互いが若い場合　5000円
目上から若い人へ　1万円
隣近所　3000円
お返しは、いただいてから1ヵ月以内に、半返しか3分の1程度の品物を贈ります。

●病気見舞い

近親者　1万円

友人や知人　5000円

お返しは、半返しか3分の1程度が目安。

●入園・入学・就職祝い

［小・中・高生に贈る場合］

贈る人が若い　5000～1万円

贈る人が年配　5000～1万円以上

［大学生・社会人に贈る場合］

贈る人が若い　1万円

贈る人が年配　1万～2万円

お返しの品物を贈る必要はありません。

●お年玉

小学校低学年　1000～3000円

小学校高学年　3000～5000円

対象は5歳から高校生ぐらいまで。1ヵ月分の小遣いを目安にします。

●長寿祝い

現金を包むことはなく、金額の目安もありません。一緒に食事をしながら、毎日の暮らしに役立つもの、趣味に合ったものを記念品として贈ります。

●新築・新居（引っ越し）祝い

両親・兄弟・姉妹　1万～5万円
親類　1万円
友人・知人　5000円

お返しは、新居に招待するか、半返しか3分の1程度の金額の品物を贈ります。

●開店・開業祝い

相場　1万円
（仕事の情報を提供したり、取引先を紹介したり、開店のお手伝いをしたり、お店を宣伝したりすることもお祝いにつながります）

お返しは、お店や事務所でパーティーを開いて、招待客に記念品を配ります。

●災害見舞い

相手の状況を確かめた上で、必要な物資や当座に必要な現金を送って援助します。金額に相場はありません。

お返しをする必要はありません。

●せん別（転勤・退職）

一人あたりの金額　3000～5000円
職場一同の合計金額　1万～3万円

お返しの必要はありません。

ごちそうする（おごる）

目上の人に〝おごる〟という言葉は使わない

「おごる」というのは、自分のお金で相手にごちそうをすることです。

そうなると、どうしてもお金を出しておごるほうが上で、おごられるほうが下という関係になりがちです。

目上の人が下の人におごるということはよくあることですが、立場が逆転することは、目上の人のプライドを傷つけることにもなります。

目上の人に対して、おごるという言い方をするのはふさわしくありません。たとえば、食事にお誘いをして感謝の気持ちを伝えたいときは、「ご招待する」という名目にしたらいかがですか。

安い料理ばかりを注文しない

「今日はごちそうします」と言った本人が、メニューの中から安い料理ばかりを注文していたら、他の人はあまり高いものを頼んではいけないのだと気づいて注文しづらくなってしまいます。

せっかくごちそうするのですから、ど〜んと太っ腹なところを見せてはいかがですか。

たとえば、会社の後輩と会食するとき、後輩が気をつかっているようでしたら、

「遠慮しなくていいよ。君たちが先輩になっ

たら、後輩に同じようにしてあげてよ」と言ってあげたら、おごられる後輩の気持ちもずっとラクになると思います。おごる人はおごられる人にも細かく配慮して、お互い気持ちよく食事をしたいものです。

相手の前での支払いは避ける

食事が終わって支払いをするとき、ごちそうをする相手にはその姿を見せないようにするのが好ましいことです。

食事が終わるタイミングを見計らってさりげなく席を立ち、支払いをすませましょう。

テーブルで支払いをするときは、クレジットカードを使うと金額がまわりの人に知られることはありません。

自分の荷物を店内に置いたまま、相手をいったんお店の外でお見送りしてからレジに引き返して支払いをすることもできます。

お店には、支払いは自分がするので相手からは絶対に受け取らないようにと、予約のときか早めに到着して伝えておきます。気づかないうちに相手が支払ってしまうと、バツが悪い思いをすることになりますからね。

テーブルでの支払いは、クレジットカードがよい

予定の金額をオーバーしても冷静に

「宴たけなわではありますが、そろそろお開き」ということで、お店の人から渡された会計伝票を見てびっくり。予定の金額をはるかにオーバーしてしまったようです。

そんなときも、冷静にふるまいましょう。あわててしまったら、場の雰囲気をしらけさせてしまうだけです。

現金は多めに用意しておくか、クレジットカードが利用できるかどうかをあらかじめ確認しておけば安心です。

反対に、思ったより安かったときも、顔や態度に出さずにさりげなく支払うのがスマートです。

ごちそうになる（おごられる）

遠慮しないで注文してかまわない

ごちそうする人にとっては、ごちそうした相手が喜んでくれる顔を見るのが何よりもうれしいものです。

このときとばかりに一番高いものを注文するなど遠慮のしなさすぎも問題ですが、遠慮しすぎてあまり注文しなかったり、注文しても安いものばかりだったら、ごちそうする人のメンツが立ちません。

せっかくですからふつうにふるまって、楽しい食事のひとときを過ごされてはいかがでしょうか。

「私も払います」と言いすぎない

レジの前で「今日は、ごちそうしますから」「いいえ、私も払いますので」といったやりとりをしている姿は、あまりスマートとはいえませんね。

ごちそうされることにどこか下心が感じられて借りをつくりたくない、散財をさせるのが申し訳ないなど、断る理由はいろいろあるでしょう。

しかし、せっかくごちそうすると言ってくださっているのでしたら、「あなたにおごられる理由はない」などと突っぱねないで、素直にお言葉に甘えてはいかがでしょう。

おいしく食事をしたら、お互い気分よくお別れしたいですからね。

そんなにごちそうになるのがイヤというのでしたら、そういう人とははじめから食事をしないことです。

男性ばかりに払わせない

男女で食事をしたときは、男性が払うのが当然と思っている人が多いようです。

しかし、女性も働いていて収入があるのでしたら、「ボーナスが出たので」「今日は臨時収入があったので」と男性がラクになるような言葉を添えて、たまには女性も払うようにしましょう。

そのときも、女性がレジで直接払うのではなく、相手の男性に渡して払ってもらうこと。それが、男性のメンツをつぶさないやさしい心づかいというものです。

支払い中に、レジの近くには立たない

ごちそうになる人は、支払いをしているときにはレジの近くに立たないこと。最近のレジは金額が誰にでも見えるように表示されますので、金額が知られてしまうことは、ごちそうする側にとってとても居心地の悪いものです。

ごちそうになるのに先にお店を出てしまったら失礼ではないかと思われるかもしれませんが、そのほうが気がきいています。もし気になるようでしたら、店内のレジが見えないところで待ちましょう。

ごちそうになったお返しは別の機会にする

ごちそうになったら、お礼の言葉をきちんと伝えることはいうまでもありません。できれば3回、会計がすんだとき、お別れするとき、さらに翌日メールや手紙（ハガキではなく封書）を出せば、より感謝の気持ちは伝わります。

ごちそうになったことを負い目と感じて、すぐにお返しの品物を送るというのは、どこか型通りです。

お返しは、できるだけ早い別の機会に、「今日は、私が」と食事にお誘いするか、相手の誕生日などを理由に贈り物をするとよいでしょう。

割り勘にする

レジでは代表する人がまとめて払う

割り勘で食事をしたとき、レジに並んで一人ずつお金を払ったり、レジの前でお金を集めるのはとても見苦しいものです。とくに混雑している時間帯では、お店にもほかのお客様にも迷惑がかかります。

食事が終わって席を立つ前に、代表する人（幹事）が各自の分を集金するか、ひとまず全額を立て替えてレジでまとめて払い、お店を出た後で精算するのがスマートなやり方です。

端数《はすう》まできちんと支払いたいときは、小銭を先にレジ係に渡すようにします。先にお札を渡してしまうと、そこからのお釣りということでレジを打たれてしまうからです。

領収書の発行をお願いしたければ、宛名を口頭で伝えるよりも名刺を差し出したりメモに書いて渡したほうが間違いがなく、お店にとってもありがたいでしょう。

支払いのとき、クレジットカードのつもりで間違ってテレホンカードを出したら、お店の人から「申し訳ありません。ちょっと度数が足りないようです」と気のきいた返事。おかげで恥をかかなくてすんだというエピソードを聞いたことがあります。

気持ちよくお帰りいただきたいというお店のお客様への心づかい、とてもありがたいですね。

精算はその日にすませる

代表する人が全額を立て替えて支払った場合、精算はお店の外でその日のうちにすませるほうがスッキリします。

精算を後日に先延ばしにすると、必ず徴収もれが出ますし、催促するのも面倒です。

1円単位の端数までキッチリ人数で割らないと気がすまないという方もいらっしゃいますが、割り切れないこともあるでしょうし、精算にも時間がかかってしまいます。端数分は代表する人が負担するぐらいの余裕を見せてはいかがでしょうか。

楽しい食事会、後くされのないようにしたいものです。

遅れて来た人やお酒を飲まない人に配慮する

何人かで飲食したとき、勘定を人数で割って各自が均等に支払うのが割り勘です。

しかし、全員が同じ量をいただいたのなら料金も同じでかまわないでしょうが、遅れて来た人やお酒が飲めない人も同じ金額というのは不公平ですし、とても気の毒です。

とくにお酒の出る席では、飲めない人の金額を減らすというのが細かな配慮というものではないでしょうか。

また、ケース・バイ・ケースですが、男性に比べて食べたり飲んだりする量の少ない女性のために、男性が多めに払うことがあってもよいと思います。

お金を貸す・立て替える

少額でも必ず返してもらう約束をする

「ちょっと小銭の持ち合わせがないので」と言われ、タクシー代を立て替えたり、買い物や食事代の不足した分を貸したりということは、親しい人どうしではよくあることです。

それがどんなに少額でもきちんとけじめをつけることが大切で、遅くとも翌日には必ず返してもらうようにします。時間がすぎればすぎるほど、言い出しづらくなるからです。

「さっきのタクシー代、一人７００円でした。よろしくお願いいたします」

「この前は私が立て替えましたので、今日はお願いできますか」

支払いの催促は、レシートや領収書を見せて、相手を責めるのではなく、相手に訴えかけるようにサラリと言えば角が立ちません。

くり返し借金を求める人とは距離をおく

けじめをつけるのが基本といっても、少額の電車賃やジュース代となると、忘れてしまったり、催促しにくいのも事実です。相手が友だちでしたら、プレゼントをしたくらいの気持ちでいるのがよいかもしれません。

しかし、こちらがうるさく催促をしないことをいいことに、くり返し借金を求めたり、立て替えてもらうことに無頓着な人とは、距離をおいたほうが賢明です。

高額の借金はお断りするのが基本

高額のお金は、貸さないこと。どんなに頼まれても、お断りをするのが基本です。「何とかしたいのはやまやまなのですが」と、力になりたい意思を示した上で、「私のほうも今たいへん厳しいのです」「私一人では決められないことなので」といったように、貸すことができない理由をはっきり伝えて相手の理解を得るようにしましょう。

お金を貸してくれる公的な機関などを知っていればその方法をアドバイスしたり、お金を貸す以外に何かできることがあるかを聞くのはよいことです。

口約束は禁物、必ず借用書を作成する

断りきれずにお金を貸す場合も、口約束は絶対にいけません。

親しい間柄でも、必ず借用メモや借用書を作成しましょう。2通作成して、それぞれに貸し主・借り主が署名と捺印をし、その2通をずらして重ねて割り印をすれば確実です。

借用書には、貸した金額はもちろん、いつまでにどのように返済するか、返済期日と返済条件（一括か、分割の場合は何回払いかなど）を明記しましょう。

しかし、借用書は金銭の貸借関係があったことの証拠になりますが、100％返済を保証するというものではありません。〝無い袖

は振れぬ〃ということになれば、借用書があってもなくても、返せないものは返せないということになってしまいます。

お金を貸すということには、それなりの覚悟が必要です。

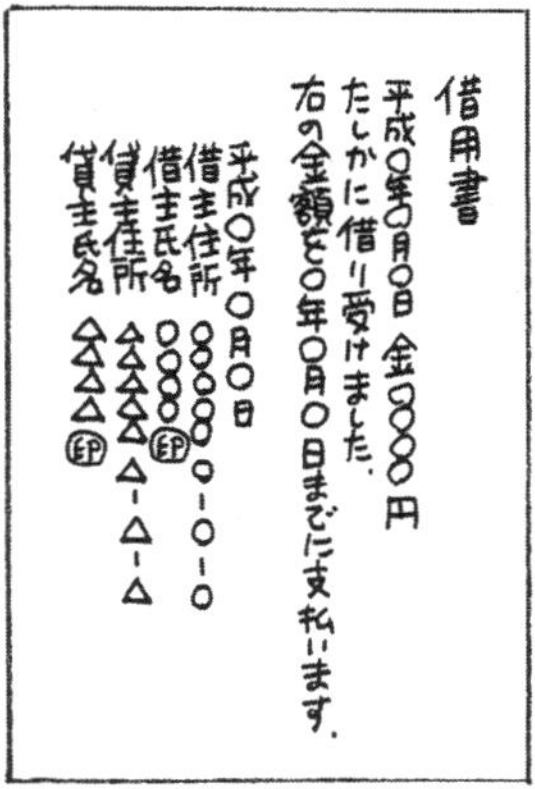
借用書

平成○年○月○日 金○○○○円

たしかに借り受けました。

右の金額を○年○月○日までに支払います。

平成○年○月○日

借主住所 ○○○○○-○-○

借主氏名 ○○○○㊞

貸主住所 △△△△-△-△

貸主氏名 △△△△㊞

借用書には返済日を明記する

お金を借りる・立て替えてもらう

少額でも借用メモを相手に渡す

手元に1万円札しかなく立て替えてもらったら、コンビニなどで買い物をしてお金をくずし、すぐに返すようにしましょう。

少額を借りた場合、名刺の裏やノートでもかまいませんので、借りた金額、借りた年月日、いつまでに返済するかを記入した借用メモを相手に渡します。

借金したその内容は、忘れないように自分の手帳にも書き留めて、期日までに必ず返済しましょう。

高額の場合は、きちんと借用書を作成する

のはいうまでもありません。

口約束にしないことが、お金を貸してくれた人に対しての誠意です。

借金が縁の切れ目になることを覚悟する

どんな親しい仲でも、お金の貸し借りがからんだとたんに関係が壊れてしまうことはよくあります。

親しければ親しいほど、貸したほうは催促しにくいでしょうし、借りたほうは甘えて返済もルーズになりがちです。

だからこそ、知り合いには借金をしないのが基本ですし、「金を貸せば友を失う」という諺《ことわざ》があるように、借金が縁の切れ目になることを覚悟しなければなりません。

返済が滞るときも心づかいを忘れない

借りたお金が期日までに返済できそうになかったり、分割での返済が滞ってしまったというときは、いち早く連絡をしてお詫《わ》びし、事情を正直に説明して今後の返済の見通しを具体的に伝えましょう。

遅れた分を利息として現金で支払うケースもありますが、個人での貸し借りではギフト券やビール券を添えたほうが相手も受け取りやすいでしょう。

それが、感謝してもしきれない、貸してくれた人に対する心づかいというものです。

6章　「できる人」と思わせる言葉づかい

［買い物中、店員に近くにいてほしくない］

お店で近くに店員さんがいると、ゆっくり商品が選べなくて困るという人の気持ち、よくわかります。呼んだらすぐに来ていただけるように、遠くで目配りをしていてくださるとありがたいですね。

✕「選び終わったら呼びますから」

近くにいる店員に、「あっちに行け」と言わんばかりのつっけんどんな言い方はとても失礼です。

○「ありがとう。一人でゆっくり選びたいので、声をかけたらお願いします」

大切なのは、この「ありがとう」のひと言。それを笑顔で言えたらベストです。

［試着したがイメージに合わなかった］

店員からすすめられた洋服を試着したものの、どうもイメージに合いません。

✕「ちょっと、この服ダサくない」
✕「今どき、ハデ（地味）すぎない」
✕「これって、私に似合うわけないわよ」

まるで、すすめてくれた店員のセンスや、商品そのものをけなすような言い方は避けましょう。

○「素敵だと思うけど、私が欲しいのとちょっと違うみたい」

このように、私を主語にして、どんなイメージの服を着たいのかを具体的に説明するとよいでしょう。

[近所の子どもがわが家の貴重品を壊した]

近所に住む子どもの同級生が、わが家に遊びに来ました。家の中を走りまわっていて、大切にしている花びんにぶつかって壊してしまいました。

×「何をやっているの。お母さんに言いつけるわよ！」

と、その子を直接叱《しか》りつけたり、すぐに親に連絡をしないほうがよいでしょう。

幼稚園児以上でしたら、自分が悪いことをしたということには気づいているはずです。

○「ケガはなかった？　花びん、かわいそうなことになったわね」

子どもと同じ目線になるようにしてこのように気づかった上で、その子の前で、一緒に遊んでいたわが子にこう言います。

○「よそのお家でこのようなことがあった

ら、必ずお母さんに伝えてね」

それでもなお、相手の親が何も連絡をしてこなかったら、こちらから連絡をして事情を説明します。子どもがやったことだからと大目に見て、うやむやにしてしまうのは、その子のためによくありません。

【声をかけられた人の名前が思い出せない】

街で出会った人から声をかけられました。確かに見覚えのある顔なのですが、どうしても名前が思い出せません。

×「あのぉ、どなたでしたっけ」

こんな言い方をされたら、相手は気を悪くします。名前が思い出せなくても、ていねいにごあいさつをしてからこう切り出します。

○「以前、どちらでお目にかかりましたでしょうか」

直接名前を尋ねるより、会ったときの状況がわかれば、名前を思い出す可能性は高くなるに違いありません。

同じようなケースで、「お名前は？」と尋ねて、相手がたとえば「田中ですけど」と答えたとき、「いえ、苗字ではなくて下のお名前のほうです」と、まるで田中という苗字は覚えていたかのようなやりとりをしたらどうかという意見を聞いたことがあります。

上手に言えるのでしたら、これも一つの方法ですね。

【会社の受付で入館票を書いてもらう】

最近は、セキュリティなどの関係で、受付でお客様に入館票の記入をお願いする会社が増えてきました。イベントやパーティー会場でも、受付で記帳をお願いすることはよくあることです。

×「この入館票をお書きしてください」

「お～する」は、謙譲語といって、相手よりも低い位置に自分を置いて、その自分に対して使う言葉です。相手に対して「お書きする」は適切ではありません。「お書きください」が正しい言い方です。

○「お手数ですが、入館票にご記入ください」

○「恐れ入りますが、こちらにお名前をお書きください」

「お手数ですが」「恐れ入りますが」「失礼ですが」「申し訳ありませんが」「お急ぎのところ」といったように、表現のニュアンスをやわらかくしてくれるクッション言葉を頭に添えるとなおよいでしょう。

［重い荷物を持ってほしい］

相手にお願いごとをするときは、まず勝手にお願いして申し訳ないという気持ちを伝え、それからお願いを聞き入れていただけるかどうか、相手の意思をうかがうように、ていねいに申し入れるのがポイントです。

〇「とても厚かましいのですが、この荷物、階段の上まで持っていっていただけますか」

「とても厚かましいのですが」は、「恐れ入りますが」「もし差し支えなければ」「折り入ってお願いがあるのですが」「ご無理を承知でお願いするのですが」に言い換えてもよいでしょう。

お願いを聞くのは当然といわんばかりの態度はNGです。

［すれ違う人に道を尋ねたい］

人にものを尋ねるときも、取る態度はお願いするときと同じです。やはり、相手の都合を考えてていねいに。

×「あのぉ、ちょっとすみません」

この呼びかけは、フランクすぎませんか。

〇「恐れ入ります。ちょっと道に迷ってしまったようなのですが、少々お尋ねしてもよろしいでしょうか」

「少々お尋ねしてもよろしいでしょうか」という以外にも、「少々お時間をいただいてもよろしいでしょうか」といったように、相手の意思や都合を忘れずに確認しましょう。

もし相手が断りの意思表示を示したら、「失礼いたしました」「申し訳ありません」「ご迷惑をおかけしました」と詫び、それ以上執拗にお願いしたりしないようにします。

【訪問セールスを断りたい】

断るという行為は、相手のことを考えたらとても心苦しいものです。断るのにエネルギーを使うくらいなら、引き受けてしまったほうがラクということもあるでしょう。

訪問セールスに対して、

×「今はいいです（今はいりません）」

×「考えておきます」

と、相手に希望をもたせるようなあいまいな言い方をすると、付け入る隙《すき》を与えたり誤解されてトラブルになりがちです。

○「あいにくですが、間に合っています（必要なものではありません）。お引き取りください（お帰りください）」

遠慮がちな日本人の悪いクセをあらためて、きっぱりと断りましょう。

[宗教の勧誘を断りたい]

宗教の勧誘は、意外と多いものです。親しい人に誘われ、断りきれずに一度でも集まりに参加してしまうと、見込みありということで勧誘はエスカレートするばかりです。

×「信者が以前問題を起こしたって聞いていますから」

×「□□と比べたら、たいした宗教ではなさそうなので」

といったように、宗教そのものへの批判や否定を理由にしないこと。

○「残念ながら私は無宗教なもので」

○「私、母の影響で仏縁がありますので」

○「私、宗教にはまったく興味がないので」

○「夫から宗教に入ったら離婚すると言われていますので」

あくまでも自分の側の理由であることを強調して、親しい間柄でもきっぱりと断ります。

[週末のパーティーのお誘いを断りたい]

気心の知れた仲間との楽しいパーティー。できれば全部のお誘いに参加したいでしょうが、身は一つ、いろいろ都合もあって断らざるを得ないときもあります。

×「ちょっと無理みたいです」
×「とても忙しいから」
×「行けたら行きます」

「ちょっと無理」と理由を言わないのは、行きたくないという気持ちの表れ。

「忙しいから」というのは、あなたたち暇人《ひまじん》のパーティーにはつきあっていられませんと言っているようなもので失礼です。

「行けたら行く」というのでは、パーティーのホストを困らせるだけです。

○「せっかくのお誘いですが、その日は先約がありまして残念です。また機会があったら、ぜひお誘いください」

断る理由は、あたりさわりのないものに。あまり具体的に言う必要はありません。

ぜひ行きたいけれど、その日はたまたまほかの予定と重なっただけということを、相手に強く印象づけることを忘れずに。

【タバコを吸うのを遠慮してほしい】

タバコを吸わない人は、とくに食事の席での喫煙を遠慮してほしいという気持ちは強いようです。

×「煙いんですけど、タバコを吸うの、やめてもらえますか」
×「ここは禁煙ですよ。吸っちゃまずいんじゃないですか」

これでは角が立って、相手の機嫌を損ねてしまいがちです。
こういうときは、相手を責めるのではなく、自分が苦手であることを、穏やかな口調で告げてみましょう。

○「恐れ入りますが、タバコが苦手なのでご遠慮願えますか」
○「申し訳ありませんが、子どもがいますので、吸うのを控えていただけるとありがたいのですが」

わが家を訪ねてきたお客様にタバコを吸ってほしくないときは、はじめから断っておくとよいですね。

［深夜に洗濯するのをやめてほしい］

マンションでの深夜の洗濯は、音が響いて隣や下の階に住む人にとっては迷惑です。

×「いったい何時だと思っているんですか。洗濯、やめてもらえますか」

当の本人は迷惑をかけていることに気づいていないことが多いので、突然このような言い方をされたら、売り言葉に買い言葉になってしまいます。

○「こちらの事情で申し訳ありませんが、深夜の洗濯、控えていただくことはできませんか（控えていただくと助かります）」

○「洗濯機の音がちょっと響くようですので、今一度確認をしていただけませんか」

深夜の洗濯に限らず、オーディオの音、ペットの鳴き声、子どもの走りまわる音など、音に対する苦情はあとを絶ちませんが、どんなときでも相手を非難するのではなく、自分の事情で何とかしていただけないかとお願いをする言い方を心がけます。

苦情は相手にお願いをする言い方で

[電話を取ったが、相手が名乗らない]

顔の見えない相手と応対するのが電話ですから、第一声が大事。明るい声で、まずは自分の名前を名乗ります。

電話を受けたほうも、どこの誰だかわからない人から「□□さんをお願いします」と言われても、取り次ぎのしようがありません。

×「お宅の名前は?」

×「あなた、誰ですか?」

取引先の若い社員とおぼしき人からこう言われて、開いた口がふさがらなかったという方がいらっしゃいました。

○「失礼ですが（恐れ入りますが）、どちら様でいらっしゃいますか」

やはり頭に「失礼ですが」「恐れ入りますが」といったクッション言葉をつけて、ていねいに尋ねます。

とくにビジネスでは、会社名や名前を名乗らなかったり、「部長さんいらっしゃいますか」といったように肩書だけしか言わない電話は、セールスなどの可能性があるため、軽々に取り次がないほうがよいでしょう。

［電話をかけたが、相手が名乗らない］

電話をかけたところ、「はい、もしもし」と言うだけで相手が名前を名乗ってくれないことがあります。電話番号を間違えてしまったのではないかと不安になります。

実際にかけ間違いということもあり得ますから、

○「□□様のお宅ですか（□□様でいらっしゃいますか）」

と相手がご本人かどうかをきちんと確認してから用件に入ります。

［電話の相手の声が聞き取りにくい］

携帯電話では電波の状況などで相手の声が聞き取りにくいことがよくあります。

×「よく聞こえないんですが、もっと大きな声で話してください」

あからさまにそう言われてしまったら、相手はきっと不快になるでしょう。

○「お電話が少し遠いようですが」

このように電話機のせいにしてしまうのがよいようです。

【電話で相手が言う内容が理解できない】

かかってきた電話に出ると、相手は一方的に話をしているのですが、言っている内容が理解できません。

×「あなたのおっしゃっている意味がわからないんですけど」

×「何の用なんですか」

×「何言っているんですか」

お互い、つっけんどんなやりとりをしていては先に進みません。おそらく相手は、電話をかける担当者を間違っているのかもしれないことを察して、

○「恐れ入りますが、私ではわかりかねますので、担当者に代わります。しばらくお待ちください」

○「申し訳ありませんが、その件につきまし

てはあらためて担当者からご連絡を差しあげます」

と伝えます。理解できない内容に対してあいまいな返事をしたり勝手に処理をしてしまわないで、担当者にまかせましょう。

ただし、相手から聞いたことは担当者に伝えることを忘れずに。そうしないと、相手に同じことを何回も言わせることになります。

「相手が私の話を誤解しているようだ」

話がなかなかかみ合わないので不思議に思っていたのですが、どうも相手は私の話を誤解しているようです。

×「それってまったくの誤解です。私が言いたいのは、□□ということです」

相手が誤解していることに気づいても、このようにすぐに強く否定してしまったら、第三者の前で相手に恥をかかせることにもなりかねません。

○「私が申しあげたいのは、そのようなことではないと存じますが」

といったようにやんわりと否定して、誤解していることを相手にそれとなく気づかせることが大切です。

もし相手が反論してきたら、

○「確かにおっしゃることには一理ありますね。しかし、……」
○「おっしゃっていることは□□ということではないかと思いますが、しかし、……」

と、相手の言っていることをいったん受け止めてから自分の意見を言うようにすると、激しい論争になったりはしません。

［応接室で長いあいだ待たされた］

約束の時間に会社を訪問したのに、会う予定の相手がなかなか出てきません。このままでは、後のスケジュールに支障が出てしまいます。

×「□□さんはまだでしょうか。次の予定が詰まっているんですけど」
×「私は、きちんと約束の時間を守っているのに、とても困るんですけど」

当然イライラは募り、相手を責めたくなる気持ちもわかりますが、できるだけ冷静にふるまいます。

○「□□様はとてもお忙しそうですので、後でご連絡いたします（また出直してまいります）。よろしくお伝えください」

もうこれ以上待てないというギリギリの時間になったら、取り次いでくれた人にこのようにあいさつをして会社を出ます。

[上司に自分の母親の話題を話す]

仕事が終わって、上司から食事に誘われました。その席で、自分の母親のことが話題になりました。

×「お母さんがそうおっしゃっていました」
×「うちのママがそう言っていました」

人前で、自分の両親のことを「お父さん、お母さん」というのは間違いです。

「さん」は「賛、讃」のことで、ほめたたえること。自分の両親に「さん」という敬称をつけ、さらに「言う」の相手を敬う言い方「おっしゃる」を使ってどうするの、と言いたいですね。

ましてや上司の前で「うちのママ」は、もう論外、「お里が知れる」というしかありません。あきれるばかりです。

○「母がそのように申しておりました」

第三者の前では、両親は「父、母」ですし、「言う」も相手より自分を低い位置に置いた言い方「申す」を使うのが正解です。

[ミーティングで自分の意見を求められた]

部内のミーティングで、新規事業の進め方について上司から意見を求められました。

×「私的には、□□っていう感じかなあって思うんですけど」

「～的」「っていう感じ」は、どれも自分一人だけ責任を取りたくないのか、言いたいことに自信がないのか、物事をあいまいにする表現として、とくに若い人のあいだでよく使われています。

「～じゃないですか」と相手に同調を求める言い方も、同じようにあいまいなニュアンスに聞こえます。

○「私としましては、□□であると考えます（考えております）」

あいまいな表現は、まわりを不安にさせるだけ。自信をもって、自分の意見をきっぱりと言い切ることが大切です。

【会議で自分の意見を否定された】

会議で自分の意見を述べたところ、部長から「それは間違っている」「納得できない」と否定されてしまいました。反論したいのですが、どう切り出すのが適切でしょうか。

×「お言葉ですが、どこが間違っているのでしょうか」

×「そうでしょうか。まわりの人はみんな賛成してくれていますけど」

×「申し訳ありません。どこが納得できないのでしょうか」

予想外の対応をされたらショックも大きいでしょうが、感情的になってはいけません。また、上司と意見が違うからといって謝る必要もありません。

○「部長のご意見はよくわかりました。失礼ですが、いくつかお尋ねしてもよろしいでしょうか。ご指導をお願いいたします」

自分の意見に自信があったら、謙虚な態度で、納得がいくまで意見交換をしましょう。

［貴重な資料を取引先に返しに行きたい］

お借りしていた貴重な資料を取引先に返そうと先方に都合をうかがう電話をしました。

×「ご都合がおよろしければ、資料をお返しにおうかがいいたしたいのですが」

いくら大切な取引先だからといって、こんなに「ご」や「お」をつけたら、かえって相手は不快に感じるのではないでしょうか。

○「ご都合がよろしければ、資料をお返しにうかがいたいのですが」

こう言えば、とてもスッキリします。

ほかにも、「そのお仕事、お引き受けさせていただきます」「取引先の□□さんがお越しになられます」といったように、敬語を重ねることを二重敬語といいます。ていねいに言おう、言おうという思いが強いあまり、度がすぎてしまわないように注意しましょう。

【上司に同行したいと申し出る】

取引先との商談に出かけるという部長に同行したいとき、

×「部長、私も一緒に行っていいですか」

×「部長、私も連れていってください」

というのでは、あまりにもフランクすぎませんか。

○「私も、一緒にうかがってよろしいでしょうか」

○「私も同行させていただきたいのですが、よろしいでしょうか」

お願いする相手は上司です。やはり、自分を一段低い位置において、相手を立てる言い方にすると、きっと好感がもたれます。

【上司からの指示を知らなかった】

上司から、「このあいだ頼んだ例の件、その後どうなった?」と言われたのですが、何のことかサッパリ。おそらく上司は、頼んだつもりで頼んでいなかったのでしょう。

×「それ、聞いていませんけど」

上司が頼んでいなかったとしても、こんな言い方では上司は立つ瀬がありません。といって、自分が悪者になる必要もありません。「聞く」の自分を相手より下げた言い方「うかがう」を使って、

○「申し訳ありませんがうかがっておりません。いつご指示をいただいた件でしょうか」

というのが、上司の立場を思いやった言い方です。

「上司から仕事を頼まれた」

上司に呼ばれ、新しい仕事を頼まれました。

×「はい、わかりました。いいですよ」

プライベートな用事ならまだしも、これでは、「やってあげてもかまわないよ」といった不遜《ふそん》なニュアンスが感じられます。

○「はい、かしこまりました（承知しました）」

明るくはっきりとこう言うのが適切です。

上司への返事は明るくはっきりと

[アポなしの人の面会を断りたい]

会議に間に合わせようと、あせって書類を作成しているときにアポなしの来客。

✕「アポなしの方にはお会いできません」

✕「今忙しいので、アポを取ってからにしてください」

飛び込みのセールスでしたら、このように言ってお引き取りを願うこともできますが、取引先など無下《むげ》にお断りできない相手の場合はつらいものがあります。

〇「恐れ入りますが、急ぎの仕事が入っておりまして」

〇「申し訳ありませんが、これから会議がありますので」

このように、クッション言葉でお詫びの気持ちとともに、こちらの事情で会えないむねを伝えます。アポなしで来たあなたが悪い、といった印象を与えてはいけません。

ビジネスではもちろん、プライベートのときも、お互い気まずい思いをしなくてすむように、訪問するときは、事前に必ず電話して相手の都合を確かめる配慮が大切です。

[取引先のイベントへの参加を断りたい]

取引先から連絡があり、主催するイベント

にぜひ参加してほしいと言われました。開催日までほとんど時間がなく、上司とも相談した結果、今年は見送ることになりました。

×「急に言われても無理です」

×「もっと早くわかれば検討したんですけど、今回は時間もなさそうなので、ちょっとむずかしそうですね」

相手は時間のないことを承知で依頼してきたのでしょうから、そのことを責めるような言い方をしてはかえって不快な思いをさせる結果になります。

○「誠に申し訳ありませんが（せっかくのお話ですが）、私どもには予算の準備がございません（担当できるスタッフがおりません）ので、今回は参加いたしかねます。あしからずご了承ください」

今後のおつきあいのことも考えてていねいに、あくまでもお断りするのは自分たちの事情であることを強調しましょう。

[支払いのことでクレームをつけられた]

営業の窓口を担当している取引先から、請求書を出したがまだ支払いがないというクレームの電話。それに対して、

×「それって、ありえません。請求書、経理にはまわしてあるんですけどねぇ。直接経理

に確認してみてください」

という返事は、とても無責任。「自分はやることをやったので、あとは知りません。悪いのは経理部」と言わんばかりの態度です。

○「たいへん申し訳ございません。すぐに経理部に確認をして、折り返し私からご連絡いたします」

仕事にミスはつきもので、問題なのはその処理の仕方です。自分に落ち度がなくても、会社の大切な取引先なのですから、担当者として最後まできちんとフォローするのはあたり前のことです。

言葉を尽くしてお詫びをしてから、事情をきちんと説明して相手の了解を得ます。それでも相手が納得しないというときは、上司に相談して指示を受けます。隠しごと、報告の遅れ、嘘の報告は、ミスの処理にあってはならないことです。

[上司の作成した書類に間違いを見つけた]

取引先との商談のために、上司が作成した書類を読んでいて、数字の間違いを見つけてしまいました。

×「課長、この数字間違っていますけど」

とくに部下がたくさんいる前で、このようにストレートに指摘されてしまったら、課長のメンツは丸つぶれです。

○「この数字ですが、もしかしてこちらではないでしょうか。私の記憶違い（勘違い）かもしれませんが」

このように、できるだけこっそりと、課長にミスを気づかせるようにするのが失礼にならない態度です。

［お願いしたことの返事が早く欲しい］

取引先にお願いしてあったことについて、期限がすぎているのに返事がありません。予定していたことですので、早く返事が欲しいと催促することになりました。

×「□□の件、いったいどうなっているんですか。期限がすぎていますが」

×「□□のお答え、まだですか。お待ちしているのですが」

ビジネスでは、期限があるのに守らないのは信用にかかわる問題。確かに厳しい世界ではありますが、にもかかわらず返事がなかったのは、相手によほどの事情があったからなのかもしれません。

こうしたきつい言い方をするのは自分本位、イライラした気持ちをストレートにぶつけているだけです。

○「お願いしております□□の件ですが、その後いかがなものでしょうか（いかがなりましたでしょうか）」

あせる気持ちはわかりますが、そこはグッとこらえて、相手におうかがいをたてる言い方をするのが好ましいことです。

取引先から「体調悪そうですね」と言われた

数日前から風邪をひき、熱があるようです。しかし、大切な商談のため、無理をしてうかがった取引先の担当者から、「体調が悪そうですね」と声をかけられました。

×「実はそうなんです（熱がありまして）。おわかりですか」

このように体調が悪いことを素直に認めてしまうと、相手にはさらに余計な気づかいをさせてしまいます。

×「えっ、そうですか。そんなことはないですけど」

反対に、隠そうとこのようなとぼけた言い方をするのは、「余計なお世話」と言わんばかりです。

○「ご心配をおかけして、申し訳ありません。でも大丈夫です」

からだの具合が悪いと、自分では気がつか

なくても表情に表れてしまうものです。相手に気づかれたことは仕方がありませんので、いたわってくださったことへのお礼を述べ、商談には支障がないことを伝えるために、明るい声でこう返事をするとよいでしょう。

「最近、胃の調子が悪いみたい」「このところ、よく眠れないんだ」「時々めまいがする」といったように、会うと自分の体調不良のことをすぐに話題にする人がいます。それを聞かされたほうは「お大事に」と言うしかなく、どのように対処したらよいかわかりませんね。

仕事がうまくいかなかったときの言い訳として、あらかじめ予防線を張っているようで、相手の信用を損ねがち。ビジネスの場で、体調の話題は禁止です。

[上司の自宅に電話をした]

休日の夜、やむを得ない事情があって、上司の自宅に電話したところ、奥様が出ました。そこで、

×「□□会社の△△といいますけど、部長はいらっしゃいますか」

これではくだけすぎです。

○「□□会社◇◇課の△△と申しますが、お世話になっております。夜分恐れ入りますが（お休みの夜に申し訳ありませんが）、部長はご在宅でしょうか」

もし部長が外出中でしたら、「何時頃お戻りになりますでしょうか」と続けます。

せっかくの休日の、しかも夜に仕事の電話をしたことに配慮して、奥様にはこのように取り次ぎをお願いするとよいでしょう。

[上司の家族から会社に電話が入った]

「岩下と申しますが、主人はおりますでしょうか」といったように、会社に、上司の家族から電話が入ることはよくあります。たまたま上司が外出中のとき、

×「(部長の) 岩下は、ただ今外出しております」

ビジネスでは社外の人に対して、自分の会社の社長のことでも「さん」はつけない、尊敬語を使わないのが決まりです。電話の相手が部長の家族でなかったら、この言い方は適切です。

しかし、奥様に対してご主人である上司を呼び捨てにすることはできません。

○「部長は、ただ今外出なさって (お出かけになって) います」

このように応対するとよいでしょう。

本書は当文庫のための書き下ろしです。

岩下宣子―「現代礼法研究所」主宰。NPOマナー教育サポート協会理事長。1945年、東京都に生まれる。共立女子短期大学卒業。30歳からマナーの勉強を始め、全日本作法会の故内田宗輝氏、小笠原流・故小笠原清信氏のもとで学ぶ。1984年、現代礼法研究所を設立。マナーデザイナーとして、企業、学校、公共団体などでの指導、研修、講演と、執筆活動を行う。

著書には『知っておきたいビジネスマナーの基本』（ナツメ社）、『ビジネスマナーまる覚えBOOK すぐに使える超お役立ちマナー集！』（成美堂出版）、『好感度アップのためのマナーブック　人付き合い・気配り上手になれる本』（有楽出版社）、『一分間「ここ一番！」の礼儀作法』（講談社）、『図解 マナー以前の社会人常識』（講談社＋α文庫）などがある。

●現代礼法研究所
http://www.gendai-reihou.com/
●NPOマナー教育サポート協会
http://www.e-manners.org/

講談社＋α文庫 図解《ずかい》 マナー以前《いぜん》の社会人《しやかいじん》の基本《きほん》

岩下宣子《いわしたのりこ》 ©Noriko Iwashita 2007

2007年4月20日第1刷発行
2010年2月19日第4刷発行

発行者――鈴木 哲
発行所――株式会社 講談社
東京都文京区音羽2-12-21 〒112-8001
電話 出版部(03)5395-3532
販売部(03)5395-5817
業務部(03)5395-3615

イラスト――ニーヤ・アキ
デザイン――鈴木成一デザイン室
本文組版――朝日メディアインターナショナル株式会社
カバー印刷――凸版印刷株式会社
印刷――慶昌堂印刷株式会社
製本――株式会社若林製本工場

落丁本・乱丁本は購入書店名を明記のうえ、小社業務部あてにお送りください。
送料は小社負担にてお取り替えします。
なお、この本の内容についてのお問い合わせは
生活文化第二出版部あてにお願いいたします。
Printed in Japan ISBN978-4-06-281103-3
定価はカバーに表示してあります。

講談社+α文庫 Ⓐ生き方

書名	著者	内容	価格	番号
医師としてできること できなかったこと 川の見える病院から	細谷亮太	がんと闘う子どもたちとの日々から小児医療の問題点まで追う、最前線の医師の随筆集	680円	A 67-1
ちひろ美術館ものがたり	松本由理子	ちひろの病室での結婚式から全てははじまる。ちひろ美術館の表も裏も赤裸々に描いた物語	680円	A 69-1
くらたまのどっちが委員会!? 世の中の小問題を考える毒舌バトル	倉田真由美	彼にするなら年上? 年下? ささいな問題にいい目を見るための大事が!! 君はどっち?	600円	A 71-1
突撃くらたま24時 東京デンジャラス探訪	倉田真由美	新人美人マンガ家くらたまが業界名うての編集長テラちゃんとギリギリ体験、爆笑ルポ!!	590円	A 71-2
*流《ながれ》	窪塚洋介	ベストセラー処女作から最新書き下ろしまで窪塚洋介の集大成。若きカリスマの衝撃作!	680円	A 77-1
*後藤芳徳の「モテる!」成功法則	後藤芳徳	カオ、カネ、学歴はモテることには無関係! どうしたら女心を摑めるか超具体的実践法!!	640円	A 78-1
*ゴトー式口説きの赤本	後藤芳徳	女性は感情を大きく揺さぶられた男に惚れてしまう!? 絶対結果が出る男の魅力構築法!!	648円	A 78-2
女性なら誰でも「母親」になれるのか	斎藤茂太	「母親」になりきれない不安の解消法を、〝モタ先生〟が精神科医の立場から提案する	648円	A 81-1
なぜか人生がうまくいく「悟り」のススメ	斎藤茂太	上手に生きる処方箋《しょほうせん》! 健康でもっと楽しくもっといい人生を作る知恵を〝モタ先生〟が伝授	648円	A 81-2
「私は結果」原因の世界への旅	森田　健	私一人に責任はなかった!? 私とは「原因の世界」の結果であり、そこのやりとりが大事	743円	A 82-1

*印は書き下ろし・オリジナル作品

表示価格はすべて本体価格(税別)です。本体価格は変更することがあります

- *セルライトがすっきり 美脚痩《そう》身《しん》術《じゅつ》 ナターシャ・スタルヒン
  なぜ、下半身ばかり太くなる? デコボコ脂肪「セルライト」の正体と最新撃退法を解説
  680円 C 58-2

- *フルーツで野菜で! 生ジュースダイエット ナターシャ・スタルヒン
  1日1杯できれいにやせる。酵素が髪・爪・肌をケアしトラブル解消、体の中からピカピカに
  838円 C 58-3

- *食べてキレイにやせる 酵素ダイエット ナターシャ・スタルヒン
  自分のボディタイプがわかれば、スリムアップは簡単。余分な脂肪がすっきり落ちる!!
  686円 C 58-4

- *医者のぼくが「医療常識」を信じない理由《わけ》 永井 明
  どこかおかしい最近の病院。現代医学・医療の抱える問題点を指摘し、その解決策を問う
  640円 C 59-1

- *超ラクラク「1分間BMストレッチ」ダイエット 饗庭秀直
  「スパスパ人間学!」で大好評。エクササイズで楽しく、「キレイ」と「やせる」の一挙両得!!
  680円 C 61-1

- キッチンに一冊 食べものくすり箱 阿部絢子
  キッチンの身近な食材には驚くほどの薬効が。健康、ダイエット、美肌は毎日の食事から!!
  880円 C 63-1

- 家事名人の生活整理術 阿部絢子
  イライラした心と、片づかない家はストレスのもと。モノと人への依存をやめて生活革命
  686円 C 63-2

- *マンガ 近藤典子のステップ収納術 これが基本だ! 近藤典子 監修 青木庸 マンガ
  溜めこみ、散らかし、詰めこみ、凝りすぎと性格別に収納法を伝授。驚きのアイディア!!
  580円 C 64-1

- 藤原式「株のネット取引」がわかる基礎の基礎講座 藤原慶太+マネー経済プロジェクトチーム
  インターネット時代の勝つ投資法とは? 「ネット取引のカリスマ」藤原慶太が実践指南!!
  880円 C 68-1

- *お金オンチ貯金オンチがなおる35の知恵 畠中雅子
  先行き不安な今の時代に賢くお金をためる方法がわかる本。これだけ知っていれば安心!
  580円 C 69-1

*印は書き下ろし・オリジナル作品

表示価格はすべて本体価格(税別)です。本体価格は変更することがあります

講談社+α文庫 ©生活情報

書名	著者	内容	価格	番号
＊知らないと危ない！サプリメントの利用法と落とし穴	生田 哲	美しさも若さも健康も維持できるサプリメントの利用法と、知らないと危険な副作用！	680円	C 70-1
＊人気サプリメントのウソとホント トップ33品目を徹底検証する！	生田 哲	コラーゲン、にがり、マテ茶、コエンザイムQ10……本当の効果とコワ～い副作用を知る！	648円	C 70-2
何にでもすぐ効く「気」のコツのコツ	安田 隆	体の不調に、心の悩みに、即・簡単に効く神秘の「気」のパワーをイラスト入りで伝授！	580円	C 73-1
日本の医者は「がん」を治せない 私が患者だったらかかりたい医者6人	平岩正樹	患者を無視していばる医者と金儲け主義の医療業界を、「流離《さすらい》の外科医」が一刀両断！	680円	C 77-1
＊誰も知らない声の不思議・音の謎	鈴木松美	聴くだけでやせる、髪が生える!? 音声学の第一人者が書いた、不思議に満ちた雑学本!!	648円	C 83-1
＊佐伯チズ メソッド 肌の愛し方 育て方 今までだれも言わなかったスキンケアの新提案50	佐伯チズ	カリスマ美肌師が、毛穴やシミなど全女性が抱く肌の悩みに簡単・即効くケア法を大公開	552円	C 84-1
＊佐伯チズ メソッド 艶《つや》つやメイク 「お手入れ」しながら「メイク」で美肌になる	佐伯チズ	200万人の女性が絶賛する佐伯式お手入れ法のメイク編。誰もが「知的美肌」になれる！	629円	C 84-2
＊美肌手帖	佐伯チズ	佐伯式お手入れ法で日々変化する肌状態を3ヵ月間、日記のように書き込む文庫版手帖！	724円	C 84-3
頼るな化粧品！ 顔を洗うのをおやめなさい！	佐伯チズ	今さらだれも教えてくれないスキンケアとメイクの基本。知った人からきれいになれる！	552円	C 84-4
＊美肌&ダイエット 実践手帖2007	佐伯チズ	誰もがきれいになれる「佐伯式」スキンケアと「和田式」ダイエットで2007年を美肌元年に！	667円	C 84-5

＊印は書き下ろし・オリジナル作品

表示価格はすべて本体価格(税別)です。本体価格は変更することがあります

＊きれいになる「お取り寄せ」　佐伯チズ
お取り寄せの達人でもある美容家の貴重なファイルから、肌にいいものを厳選して紹介　648円 C 84-6

「病《やまい》は気から」の科学　心と体の不思議な関係　高田明和
体と脳を「心」を変えてグンと伸ばすことができる!! 科学が実証する心の凄いキキ目!!　648円 C 86-1

川島隆太の自分の脳を自分で育てる　朝5分の音読・単純計算　川島隆太
大反響！ 脳を活発に働かせる鍵は前頭前野《ぜんとうぜんや》にある。一週間で驚くほど脳が活性化する!!　648円 C 87-1

＊つける きたえる「@常識力」　日本常識力検定協会 監修
敬語から社会情勢、法律まで。あらゆる場面で役立つ「できるオトナ」になるベスト200問!!　590円 C 88-1

小泉式 食べ飲み養生訓108　小泉武夫
食い改めよ！ 暴飲暴食限りない小泉教授が自らの体験から編み出した21世紀の養生訓!!　686円 C 91-1

＊一日一動 スッキリ！　長野茂
本書を手にしたその場で、すぐ実践できる合計270の身体改善法。ながら運動決定版！　743円 C 93-1

＊だれでも「達人」になれる！ ゆる体操の極意　高岡英夫
真剣にやっかいなコトに取り組む体験＋《プラス》ゆるんだ身体が人生を開く！ ゆる原点の名著!!　648円 C 94-1

からだにはココロがある　丹田、センター、身体意識の謎を解く　高岡英夫
「丹田」の謎を解く！ 身体意識を開発することで別人のように身が軽く健康になれる！　648円 C 94-2

＊図解 マナー以前の社会人常識　岩下宣子
いざというとき迷わずに！ 豊富な事例とイラストで学ぶ、初級の作法、基本の一冊!!　648円 C 95-1

＊図解 マナー以前の社会人の基本　岩下宣子
ベストセラーマナー集第2弾。思いやりの気持ちが相手に伝わる。そんな素敵な人生を!!　648円 C 95-2

＊印は書き下ろし・オリジナル作品

表示価格はすべて本体価格(税別)です。本体価格は変更することがあります